阅读成就思想……

Read to Achieve

业务拓展
从入门到精通

[美] 亚历山大·陶布　艾伦·达西尔瓦　著
（Alexander Taub）（Ellen DaSilva）

杜俊知　贾红霞　聂茸　译

PITCHING
AND
CLOSING

Everything You Need to Know
About Business Development, Partnerships,
and Making Deals that Matter

中国人民大学出版社
·北京·

图书在版编目（CIP）数据

业务拓展：从入门到精通 /（美）亚历山大·陶布（Alexander Taub），（美）艾伦·达西尔瓦（Ellen DaSilva）著；杜俊知，贾红霞，聂茸译 . — 北京：中国人民大学出版社，2019.4

书名原文：Pitching and Closing: Everything You Need to Know About Business Development, Partnerships, and Making Deals that Matter

ISBN 978-7-300-26250-5

Ⅰ.①业… Ⅱ.①亚…②艾…③杜…④贾…⑤聂… Ⅲ.①网络公司—企业管理—研究 Ⅳ.① F276.44

中国版本图书馆 CIP 数据核字（2018）第 214901 号

业务拓展：从入门到精通

［美］亚历山大·陶布　　著
　　　艾伦·达西尔瓦

杜俊知　贾红霞　聂茸　译
Yewu Tuozhan: Cong Rumen Dao Jingtong

出版发行	中国人民大学出版社		
社　　址	北京中关村大街 31 号	邮政编码	100080
电　　话	010-62511242（总编室）	010-62511770（质管部）	
	010-82501766（邮购部）	010-62514148（门市部）	
	010-62515195（发行公司）	010-62515275（盗版举报）	
网　　址	http://www.crup.com.cn		
	http://www.ttrnet.com（人大教研网）		
经　　销	新华书店		
印　　刷	天津中印联印务有限公司		
规　　格	170mm×230mm　16 开本	版　次	2019 年 4 月第 1 版
印　　张	13.5　插页 1	印　次	2019 年 4 月第 1 次印刷
字　　数	168 000	定　价	65.00 元

版权所有　　侵权必究　　印装差错　　负责调换

前　言

优秀到他人无法忽视。

史蒂夫·马丁（Steve Martin），美国著名喜剧明星

发现问题，然后说服某人去做他之前未曾想到的事情，进而帮助他解决问题，这无疑会更让人感到兴奋。不论你从事什么行业，公司的规模或者业务处于哪个发展阶段，在愿景、人际关系和研究方面创造价值——建立合作关系，都会给人们带来强烈的兴奋感。不言而喻，懂得如何达成交易适用于所有专业领域：从科技创业公司到法律界，从医药和金融服务到公共部门。这本书为指导人们通过达成重要的交易来实现这种兴奋感提供了最佳方法。

当我们谈论"达成交易"时，实际上是在谈论如何让公司、组织、团队或者机构之间形成合作关系，即任何两个实体之间的整合都有可能会让双方获益。你也许需要在扩大用户基础、完成规划图上的项目、简化流程以及节省资金方面获得帮助，而这些需求的出现往往就是实现合作的最佳时机，你需要学会善于发现这些机会。良好的合作关系能够以你意想不到的方式帮助你拓展业务，而要想巩固这些合作关系，只有在完成业务拓展的两项基本任务之后才能实现：推介和达成交易。这两者都是重要的专业经验，掌握它们才是让公司快速增值的根本方式。

成功的推介需要自己亲自去完成，并且要给对方留下非常好的第一印象：专业、表述准确、具有说服力，这也是任何专业领域的人士想取得成功的必备技能。最简

单的推介形式是一个团队向另一个团队陈述，提出合作的想法，但前提是双方都需要有令彼此信服的东西。

达成交易和最终敲定交易条件和签订合同有关，是你让对方同意交易后的关键时刻。先不说达成交易的合法性，双方同意合作以扩大彼此的产品、公司或者业务，才是达成交易的高峰。

在从开始推介到达成交易的过程中，你需要完成很多步骤、做出很多决定。达成交易也不仅仅只有一种完美的方式，业务拓展专员需要经历一些关键的里程碑式的事件，才能成功达成交易。而我们就是来帮你完成这个过程的。

为什么创业公司要如此关心推介和达成交易？因为如今大多数创业公司都会感到很迷茫。随着像谷歌、Facebook 和 Twitter 这类公司的迅速成功，很多人都想跃跃欲试，去创造出一些能改变人类行为的发明，或者改善人类每天与世界互动的方式。很多书籍都会教你如何创建一家公司，但这都是建立在你已经具备了一些企业家精神的假设上，只需再对你稍稍指点一下应该如何完善合作策略即可。但事实上，不管你的产品和商业计划书有多么地新颖，你仍需要学习推介和达成交易的基本要素，并要理解和掌握在这个过程中与其他公司进行合作的要领。毕竟，尽管科技创业公司领域的工作人员大多都是工程师、设计师和产品开发人员，但我们也不能忽略和他们一样重要的人——业务拓展专员，他们负责企业业务的运营和增长。

虽然业务拓展这个模糊不清的岗位受到了人们的高度追捧，但是很多具有商业头脑的技术专员并不明白这个职位的含义。总的来说，业务拓展具有三层含义：第一层是业务拓展是企业进行市场营销、销售和战略开发的过程；第二层是业务拓展需要增强与现有的合作伙伴的联系，开发新的合作伙伴；第三层但也是最重要的一层是，业务拓展要让这些交易不断重复发生（然后变成销售）。我们认为有必要强调一下这个岗位需要具备的一些重要技能，所以我们在本书中提供了许多影响深远的、有关业务拓展的优秀实例，有助于你在创业领域成为能力强大的业务拓展专员。

为了让你成为达成商业交易和战略性合作关系的专家，我们把全书分为了五章：业务拓展；建立合作关系；推介和达成交易；最佳实践：准备和执行交易；实战案例。

第 1 章介绍了业务拓展的基本知识。业务拓展是创业过程中最令人向往的工作之一，也是科技创业公司中仅有的几个非技术性岗位之一。但是进行业务拓展意味着什么？业务拓展和销售之间的区别是什么？成功的业务拓展专员需要具备哪些能力？如何迈出成为业务拓展专员的第一步？

第 2 章重点讲述了你的公司和其他公司该如何实现有利于双方的合作。你将学到如何找到战略合作伙伴，理解他们的商业模式，利用他们的动机实现收益，进而为最后的成功做准备。与合适的合作伙伴达成交易可以让你的公司更进一步，这是一项刺激且艰巨的任务。除此以外，这一章中讲述的具体案例的真实细节会告诉那些想要达成交易的人应该如何处理会引起公司焦虑的问题。

第 3 章指导你如何找出业务层面的最佳战略联盟，并实现与它们的合作。为此，本章首先介绍了你需要具备的必要技能和业务框架，随后讲述了你应该如何运用这些技能——如何进行最激动人心的恰当的推介，以达成真正重要的交易。

不管你在乎的是收入、所提供的服务、网页浏览量还是下载量，重要的交易意味着那些能帮助你提升这些指标的交易。毕竟，如果想要保持业务的持续增长，公司需要在某个阶段开始盈利。如果正在进行的合作不能帮你提升核心指标，那你就需要减少花在这些合作项目上的时间。你可能需要后退一步，看看哪些外部合作关系才能帮助你实现公司的目标。这些合作才是真正重要的合作。

在这一章中，我们也探讨了草拟合同的法律义务，以及达成交易之后如何维护这些合作关系。

第 4 章阐述了专业人员采用的方法和技巧。我们会向你展示如何恰当和专业地引荐某人；如何接触你不认识的人，让他对你做出回应；如何应对拒绝。我们会配合业务拓展和合作的实例，重点分享我们以及其他成功的业务拓展专员的经验。有些最佳实践方法是从我们自身的经验教训中总结而来的，有些则是我们的导师、同事、朋友传授给我们的建议和技巧。

第 5 章记录了与业务拓展和合作专业人士、公司创始人以及风险投资人的简介，以及我们与他们进行的讨论，并按照时间顺序列出了达成重要交易（著名的和鲜为人知的都有）的多层次过程。前四章所提及的理论知识在这一章被付诸实践。我们对个体案例进行了广泛的研究，从业务拓展主管、公司创始人和总裁那里收集了第一手资料，因为他们知道达成每个交易的细节。我们还详细介绍了一些相关公司合作成功或者失败的原因，以及提出合作的人是如何进行推介和协商条件的。我们在一步步靠近推介成功并且对方同意合作的时刻。

本书的目标是帮助你理解如何让自己达成非常重要的交易（甚至帮你应对之后的法律问题）。我们讲述人们同意和拒绝达成交易的故事，分析其中的原因，从生活的方方面面为你提供完成推介和达成交易的"武器和铠甲"。相信读完本书之后，你就已经准备好"上战场"了。因为你的准备是如此充分，所以人们很难对你说不。即使他们拒绝了你，你也要立即从本书中找出恰当的应对策略，然后向他们重新推介，直到他们同意合作为止。

你会从本书所提及的故事、奇闻轶事和最佳实践案例中学习如何进行业务拓展和建立合作关系，这些故事中的主人公目前或之前在这些平台工作过：谷歌公司、Facebook、苹果公司、亚马逊、Twitter、Dropbox 云盘、PayPal 支付、美国在线（American Online）、优步公司（Uber）、Yelp 网（点评网站）、雅虎、声破天（Spotify，在线流媒体音乐播放平台）、Kickstarter（众筹网站）、戴尔公司、易贝（eBay，知名线上拍卖和购物网站）、位智[①]（Waze）、Salesforce[②]、迪士尼公司、全球音乐台（MTV）、索尼公司、美国运通公司（American Express）、Foursquare[③]、Constant Contact[④]、Dwolla[⑤]、GroupMe（社交软件）、来福车（Lyft，打车应用）、汤博乐（Tumblr，轻博客网站）、Path（社交应用）、Aviary[⑥]、AppNexus（广告平台）、

---

① 位智是一个基于社区的、提供交通信息与导航服务的有趣软件。——译者注
② Salesforce 是一家客户关系管理（CRM）软件服务提供商，可提供用户通过浏览器即可运行销售、服务以及全部业务所需的资源。——译者注
③ Foursquare 是一家基于用户地理位置信息（LBS）的手机服务网站，并鼓励手机用户同他人分享自己当前所在的地理位置等信息。——译者注
④ Constant Contact 是一家美国在线营销公司。——译者注
⑤ Dwolla 是美国的一家电子商务公司，主要提供的服务是其在线支付工具。——译者注
⑥ Aviary 是图片编辑网站和移动设备的应用程序接口。——译者注

Hunch[①]、Fab.com、SinglePlatform（商家信息管理平台）、Contently（软文交易平台）、StellaService（消费者服务分析机构）、Digg、Estimote、MessageMe（社交通信软件）、Squarespace、利捷公务航空[②]（NetJets）、Andreessen Horowitz（风投公司）、Union Square Ventures（投资机构）、First Round Capital（投资机构）等。

  即使在读完此书后，你也不能停止学习。推介和达成交易只是起点，也是需要不断完善的技能。我们会继续与你在 PitchingandClosing.com 上互动，你也可以通过我们的 Twitter 账户 @PandC 与我们取得联系。我们会分享我们最喜欢的文章，提供我们新发现的有用建议，以及其他任何我们认为会继续帮你提高推介和达成交易能力的信息。希望你喜欢这本书，但是请记住，这只是一个开始。

  现在，让我们开始去达成一些交易吧！

---

① Hunch 原意为"预感"，是一家帮助你做决定的网站，由卡特琳娜·费克（Caterina Fake）等人联合创建。——译者注
② 利捷公务航空是私人飞机租赁公司。——译者注

目 录

第 1 章　业务拓展　// 1

什么是业务拓展　// 2

业务拓展的类型　// 4

业务拓展团队的构架　// 11

业务拓展与销售　// 16

建立关系网　// 19

国际业务拓展　// 28

找到你的业务拓展导师　// 30

应用程序接口和业务拓展　// 32

关于业务拓展的职业发展　// 37

数字身份　// 43

第 2 章　建立合作关系　// 47

对想要合作的公司进行全方位了解　// 48

合作关系的四条黄金准则　// 49

三种合作形式　// 55

在合作公司中找到合适的人选　// 59

合作伙伴的反馈　// 63

做交易 VS 做最好的交易　// 66
真诚的销售　// 67
浮夸销售　// 69

第 3 章　推介和达成交易　// 73

渠道与预推介准备　// 74
如何进行推介与达成交易　// 80
达成交易的合法性：订立合同及其他　// 93
开启合作和复合效应　// 101
如何成功地维护交易　// 104

第 4 章　最佳实践：准备和执行交易　// 109

商业引荐的最佳实践　// 110
主动接触与通信　// 113
跟进以及其他保持一致性的最佳实践　// 118
业务拓展所需要的毅力　// 123
遭到拒绝　// 126
予人玫瑰，手有余香　// 131
把握市场的脉搏　// 132
抵制合作中的"诱惑"型机会　// 133
内部沟通　// 134
与大公司合作　// 139
与媒体合作　// 141
将"乐意拥有"变为"必须拥有"　// 147

第5章　实战案例　// 151

大公司业务拓展　// 153

企业家精神与业务拓展　// 157

最佳联络员　// 162

法律工作与业务拓展　// 165

潮流缔造者　// 170

从业务拓展专员到创始人　// 172

天生创业家　// 175

宿舍交易缔造者　// 180

运动、私人喷气式飞机及慈善事业　// 184

音乐业务拓展以及国际关系　// 188

从银行业到业务拓展的转变　// 194

业务拓展和销售　// 197

从实习生到副总裁　// 200

第 1 章

业务拓展

我们从业务拓展的基础知识开始说起——业务拓展的内涵是什么以及谁来进行业务拓展。这是理解推介和达成交易实际过程的基础。

什么是业务拓展

在科技创业领域，业务拓展这个术语非常流行。当非技术人员听到这个词时，也会对它产生浓厚兴趣，但它究竟是指什么呢？业务拓展的定义包括三个核心方面，我们将基于业务拓展的基本原则在此进行详细的描述。

1. 业务拓展是企业进行市场营销、销售和战略开发的过程。
2. 业务拓展专家致力于加强企业现有的合作关系并开创新的合作。
3. 业务拓展高于销售。业务拓展专员的目标是找到可发展的商机，检验并将其付诸实践，进而创造出新的业务，开发出标准的流程（最终得以组建一个销售团队）。

下面我们分别来阐述业务拓展的核心含义及其预期效果。

业务拓展是企业进行市场营销、销售和战略开发的过程

业务拓展具有多种功能。寻找战略合作伙伴需要对公司以及自己关于合作关系的理念进行营销，还需要开发成长性项目。说得更激动人心一点，就是小型企业的业务拓展专员一直在尽其所能为企业的经营管理出谋划策。

市场营销和市场研究通常会围绕企业已有的产品或平台展开。大多数时候，营销团队的工作是为业务拓展团队提供与产品发布或者业务合作相关的一切，比如为产品发布提供与市场营销以及推广有关的材料。有时，在企业的早期发展阶段，业务拓展专员会承担部分营销专员的工作，为团队培养一位全职营销人员打好基础。克里斯塔尔·伯格菲尔德（Kristal Bergfield）就是一个典型的例子。她成功地由营销专员转型为业务拓展专员，并曾担任在线零售商评级公司 StellaService 的业务拓展部主管。此前，她还在美国运通公司的业务拓展部门任职。伯格菲尔德在全球著名的万卓环球公关公司（Waggener Edstrom）工作时，积累了大量与客户沟通和合作的市场营销经验（尤其是合作关系的建立与管理方面的经验），并很好地将其运用在了业务拓展领域中。

业务拓展专员致力于加强企业现有的合作关系并开创新的合作

业务拓展以各行各业间广泛而强大的合作关系为基础。因此，业务拓展专员的

关键特质之一就是具有建立、拓展和维系人际关系网的丰富常识，并能以此促成交易。业务拓展专员应与行业内所有企业（无论其规模如何）保持密切联系。而这些联系能让费时数周或数月才能解决的问题在数小时或数天内就得到解决。如果你能接触到面向消费者的企业的用户服务与支持部门（比如，如果你在 Facebook 上认识的某个人，他能帮你解决产品问题或介绍新产品给你），那你就能实现效率最大化，并顺利完成手头事情。

业务拓展高于销售

业务拓展专员的目标是为企业找到成长型商机，检验并将其付诸实践，进而创造出新的业务，开发出标准的流程（最终得以组建一个销售团队）。这正是业务拓展的核心原则，也是让卓越生意人脱颖而出的关键所在。

业务拓展高于销售。在整合行业规范并以此为核心创建销售团队之前，一个在业务拓展领域获得成功的人，通常会先尝试三到四次类似的交易。作为业务拓展专员，你应该达成与其他公司的交易，专注于某一特定领域或垂直细分市场，并在达成协议的基础上，建立交易流程的标准，并最终建立一个销售团队以拓展在该细分市场的业务。一旦你开始扩大某一垂直细分市场的业务范畴（且相应的销售团队已准备就绪），就可以着手下一个项目了。作为业务拓展专员，你需要不断地为企业寻找新的商机，持续不断地向未知领域"售卖"公司的发展方向和新产品，同时还需要寻找下一个足以大获成功的产品或垂直细分市场，并以此为核心创建另一个销售团队。卓越的业务拓展专员能将其从事的全部工作都转变为销量，并且能将这个过程不断地循环下去。

业务拓展视野

既能敏锐地找出合适的合作关系，又能随时适应潜在的合作关系，这对达成合适的交易至关重要。我们把这种远见和思维方式称作业务拓展视野，通俗来讲就是具有在生活的每个角落预见和发现机会的能力。拥有业务拓展视野意味着能够迅速察觉合作的可能性，知道如果与一个拥有很好想法的人交谈，并让他和能够从这个想法中获益的人产生联系，那么他们就会成功合作。拥有业务拓展视野的人一般都非常乐于助人，总是为合适的人在合适的时间牵线搭桥。

如何才能拥有业务拓展视野呢？有些人认为这是一种天赋，还有人相信形成这种思维方式需要时间和历练。拥有业务拓展视野的人常常能后退一步去观察全局，进而评估引荐、合作建议以及建立关系网潜在的结果。这种思维不会被某一特殊功能或者事件所局限，它能在茶水间的闲聊中、与朋友的社交活动中或者职场午餐这类非正式互动中产生。

虽然业务拓展视野是用来帮助自己的，但更重要的是，在拥有业务拓展视野之前，你首先要明白如何最大限度地帮助他人。各个公司的工作和目标不同，因此，你需要仔细发掘与真正了解哪种机会对你的朋友、合作伙伴和认识的人最有帮助。具体情况具体分析：有些人需要联系合适的分销合作伙伴；有些人需要适合引领新一轮融资的投资人；还有些人可能需要优秀的科技博主来帮助其发布新产品。因此，战略创新是业务拓展专员的责任之一。

具有业务拓展视野的人的一大特征就是他能实现他需要做到的一切——常理范围内的所有工作。这也许是一次乘飞机到另一个地方参加面对面会议的突发奇想，为潜在的合作关系做出更多的努力，进而达成非常重要的交易。例如，在潜在合作伙伴同意合作之前，业务拓展专员为了表现出其诚意，可能会通过新闻发布会或者投资者推介亲自帮助潜在的合作伙伴解决难题。业务拓展视野的理念是奉献，是一起创造性地完成主要任务。

业务拓展的类型

通过战略合作关系拓展业务的过程会呈现多种形式。公司的兴趣点、关注点和商业模式决定了公司团队的工作重心、相关的合作关系类型，以及公司所需要的背景和技术。因此，业务拓展有几种不同的类型，但它们都遵循通过合作关系的建立带来业务和客户增长的基本原则。

不同公司的业务拓展方式差异很大：有些公司的核心业务是获取新用户；有些公司旨在寻找新的企业客户；有些公司正在寻找能为它们的用户提供产品的新企业

客户。业务拓展有三种不同的类型：企业对消费者（B2C）、企业对企业（B2B）以及企业对开发者［B2D，也被称作企业对企业对消费者（B2B2C）］。

企业对消费者（B2C）

B2C 是指那些面向消费者的公司，这些公司直接与购买产品或使用服务的人们交流。像 Facebook、Twitter、Foursquare、Instagram 和汤博乐这类社交媒体公司，还有像亚马逊和美国家居电商 Wayfair 这样的零售业电商公司，都是在企业对消费者的层面运营的。对这些公司来说，成功的基础和关键是广大的用户基础，并且它们还会自己开发产品来满足消费者的需求。

B2C 公司有几种盈利模式，最常用的两种是广告以及销售商品和服务给消费者。像 Twitter、Facebook 和谷歌这样的公司最常用的模式是广告，因为其产品的消费者是单个用户，而不是一家企业。这类公司利用其消费者数据来帮助广告商提供更具有针对性的广告。另一种类型的公司像亚马逊、美妆订购公司 Birchbox 和美国眼镜电商瓦尔比派克眼镜公司（Warby Parker）是直接销售实物产品给消费者。像奈飞[①]这种类型的公司则使用订购模式，用户可以根据时间长短（每天、每月或每年）交纳一定的费用来订购其服务。

有时候，消费者决定着企业的商业模式变现的进程。这在以社区为基础的消费群的公司中很典型，并且只有在你拥有忠实热情的用户基础之后才可能实现。Reddit 新闻网就是以社区为基础消费群的公司的最好例子。它是一家社交新闻和娱乐网站，当用户长时间在网站上活动时，他们会对网上的互动倾注大量情感。像 Reddit 这样的公司有几种盈利方式，包括销售产品和服务、订购高级服务以及捐款，其在过去的几年里也有通过广告获得收入的实例。

再举一个采用 B2C 盈利模式的例子：品趣志[②]（Pinterest）。品趣志是一个网站和移动应用，人们可以在其网站上寻找新事物，收集虚拟物品。它是 21 世纪的剪贴簿

---

① 奈飞公司（Netflix）是美国最大的在线视频 PGC(专业生产内容) 提供商。——译者注
② 品趣志采用的是瀑布流的形式来展现图片内容，无须用户翻页，新的图片不断自动加载在页面底端，让用户不断地发现新的图片。——译者注

或公告板。在品趣志网站上有大量的商业活动，并且该网站进行了货币化的尝试，用户通过品趣志网站链接到零售网站之后，任何被点击或购买的产品的销售额都会分给品趣志一部分。这些就是典型的每次点击成本（cost-per-click，CPC）和每次购买成本（cost-per-acquisition，CPA）模式。

对于B2C公司来说，其目标是尽快扩大企业规模。通过最大限度地吸引用户、有能力规模化和解锁其网站或移动应用中的病毒式功能的公司，往往使其能够成为该行业的领跑者，不管其是否具有先动优势。也就是说，B2C公司及其创立者需要集中精力设计最好的产品、组建最好的团队和建立最好的愿景。一旦这些公司实现了规模化，商业模式通常就会自动运转。举例来说，谷歌公司在想出自己的商业模式或者变现策略之前，就已经成为了最大的搜索网站，于是其最终采用了广告创投模式。谷歌公司成立于1998年，并于同年发布了我们目前所知的搜索产品，其AdSense[①]和关键词竞价广告（AdWords[②]）直到2003年才上线。谷歌公司就是通过专注于发展和加强其核心产品，以实现消费者用户基础的不断增长，并在对产品有了信心之后再把注意力转移到商业变现上来。

通常情况下，公司不销售产品的时候，消费者就是产品。B2C公司可能提供免费服务，而这种免费是要付出代价的。像Facebook、汤博乐和Twitter这样的网站供用户免费使用，其商业变现的第一种方式是把用户信息提供给广告商。另一类B2C公司（比如瓦尔比派克眼镜公司）就是销售供个人即时使用的实体商品或服务。

B2C公司商业变现的最好例子是Facebook。在Facebook认真尝试商业变现运营之前，这个社交网站已经拥有了数亿用户。与很多其他的科技公司相似，Facebook只专注一种消费者产品，公司在早期阶段不断发展和完善自己的产品，同时培养了强大的核心用户基础。另一方面，在这个博弈过程中，其变现进程相对较晚，Facebook在网站上线两年之后，即2006年才第一次公布了其营收情况。

---

① 谷歌公司的产品之一，它可自动抓取客户网页的内容并投放与该客户的受众和网站内容相关的广告。——译者注

② AdWords是一种快速简单的购买广告服务的方式。——译者注

乔希·埃尔曼（Josh Elman）是格雷洛克风投公司（Greylock Partners）的合伙人，也是硅谷顶尖的风险投资家，曾在包括Facebook、Twitter、Zazzle①和领英（LinkedIn）在内的公司中担任产品主管，但是他反对在公司成立初期就立即集中力量发掘公司的商业变现潜力。事实上，埃尔曼曾在价值数百万甚至数十亿美元的公司里工作过，但这些公司目前还没有挣到一分钱。埃尔曼表示，以下四个问题将帮助调查者进行商业变现前期的估值：

1. 是否有一个能够让一亿或者更多的人参与的新用户行为？
2. 产品是否能持续升级以确保不断提升人们的满意度？
3. 商业变现会不会实现持续增长？
4. 如果产品成功实现规模化，这些重要的用户行为可以变现吗？通常情况下，对一家B2C公司来说，变现并不是最难的问题，通过改变标准用户行为，持续增加和保持庞大的用户群才是最难的挑战。

B2C公司通常比B2B公司的发展速度慢，因为前者需要相当大的用户群，因此创建者常常需要首先进行业务拓展、创建合作关系。创建者要比后来招聘的外来者更了解公司。通常情况下，公司在招聘专门的业务负责人之前就已经雇用了10名或者20名员工负责工程、产品和设计。

专注于消费者的公司会授权自己的业务拓展团队扩大其用户基础。因此，业务拓展团队会积极开拓销路。也就是说，其他公司可能与公司有重叠的用户群或地域范围，通过与这些公司合作，快速增加高质量的用户。这些销路包括合作双方签订一份产品分销方案的法律协议，或者两家公司商定在各自的用户群中促销对方的产品。最终目标是获得新的用户和产品用途。

B2C合作关系的最佳例子是Facebook与声破天的合作。声破天在美国正式上线后，Facebook就鼓励自己的数亿用户使用它提供的音乐服务。因为当时声破天拥有优质的产品，正在寻找有规模的平台，而Facebook拥有有规模的平台，正在想办法为用户提供优质的音乐服务。如今，声破天每月都有数亿的活跃用户，这在很大程

---

① Zazzle是一个为消费者和品牌提供在线定制零售服务的网站，只有一件商品也可以下单。——译者注

度上得益于与 Facebook 的合作。

分销协议并非只能用在数字产品上，有一些围绕实物商品的分销协议也非常成功，并且富有创意。瓦尔比派克眼镜公司和斯泰达德酒店（Standard Hotel）的合作就是一个例子。纽约市的瓦尔比派克眼镜公司销售定制复古风格眼镜，而斯泰达德酒店主营的精品酒店是安德烈·巴拉斯（Andre Balazs）旗下的酒店产业之一。斯泰达德酒店在迈阿密和洛杉矶的酒店中摆放了一些瓦尔比派克眼镜公司的产品销售柜台。瓦尔比派克眼镜公司甚至制作了一些只能在这些地点买到的限量版太阳镜。

除此之外，B2C 公司的典型特征是建立一个能让其他公司使用的应用程序接口（API）。通过与用户进行交易，它们收集到了用户信息，然后基于这些信息来了解自己的用户群和观众；其他公司通常想要利用这家公司收集的用户数据信息来设计它们自己的第三方产品。

应用程序接口和业务拓展

虽然开发者能通过应用程序接口在 B2C 公司的平台上创建程序，但这个接口并不能完全替代公司对业务拓展职位的需求。不过它的存在确实让公司没有必要再建立一个大型合作关系团队，因为这个团队的作用就是与任何想要使用应用程序接口建立第三方网站的开发者进行协调。这些第三方用户和常规消费者常常能够影响核心产品的发展方向。我们将会在"应用程序接口和业务拓展"一节中对这些内容进行详细讨论。

B2B 公司

B2B 公司指的是那些为别的企业而非个人消费者提供服务的公司。例如，Salesforce、云数据存储公司 Box 和软件开发商 Atlassian 公司都是为别的企业进行产品开发。

在 B2B 公司中，几乎没有业务拓展这个职位，因为它们的销售是直接针对其他公司的。在这类公司中，一名销售或变现团队领导就能充当传统的业务拓展专员的角色。在大多数情况下，销售团队领导的工作是多方面的，他不仅要确保销售人员能卖力地推销产品，随时掌控产品的使用情况，还要时刻关注一些细微的变化，以便必要时吸引并留住客户。销售团队领导还有可能会负责发掘关键的企业联盟和合作商、满足传统的业务拓展需要的工作。只有在交易层面才需要业务拓展和战略性合作关系的建立,并且这一阶段必须要有销售人员跟进。一旦产品或其他待售物实现销售,那么这一产品的业务拓展也就结束了。此时,销售人员就会立刻开始下一产品的业务拓展。

虽然 B2B 公司的变现团队领导常常能代替一个业务拓展团队的工作,但如果一项工作复杂到连销售人员都很难对其进行处理时,那么各种准业务拓展职位就有可能在 B2B 公司出现。这些业务拓展专员的工作不是寻找交易来源,建立战略合作关系,而是要把注意力放在关系管理上。当一家 B2B 公司拥有大量的战略性客户,而这些客户运营着与公司管理或产品息息相关的一些特殊项目时,这家公司有时就需要有专人来负责管理与这些客户之间的关系。这些业务拓展专员会不断听取合作商或客户的意见,然后把这些反馈建议给公司的产品专家。如果这些建议可行的话,他们会再向客户展示改进后的产品。他们非常清楚,如果他们不能把客户的建议纳入产品改进中,那么他们的竞争对手就会来做这件事。

Salesforce 公司因与较小规模的公司进行业务拓展而闻名。如果双方合作成功,那么 Salesforce 公司就可以继续与对方公司进行合作,也可以将其收购。如 Heroku 公司、云平台即服务(PaaS)公司,它们起初与 CRM 公司合作,最终在 2010 年被 Salesforce 公司收购。Heroku 公司允许开发者在无须考虑服务器或系统管理的情况下部署他们自己的代码,并管理他们的应用程序。通过 Heroku 公司建立的应用程序达到了 100 多万个。收购 Heroku 公司可以使 Salesforce 公司继续为其下一代程序开发者提供帮助(同时也使它能够接触这些程序开发者)。

另外一家 B2B 公司是 Box 公司,这是一家云数据存储公司。Box 公司将目标对准企业市场,鼓励商家购买一些服务许可,这些许可能够使它们的员工上传资料,共享文件,并通过 Box 公司的网站和服务器进行合作。Box 公司直接与其他公司联系,而非直接面对消费者。它的很多合作伙伴又与另外的一些公司保持合作关系。该公司最近的一次合作是与 MobileIron 公司进行的,MobileIron 公司是一家移动设备管理系统,能够远程清除移动设备上的信息。对 Box 公司来说,在其平台上添加这一服务会增强它的安全性能，从而使它们公司成为企业的可行性选择。一些企业担心员工把可能含有敏感信息的硬件设备放错地方，为避免这样的情况发生，它们一般会选择与 Box 公司合作。

B2B2C 公司或 B2D 公司

B2B2C 公司或 B2D 公司指的是那些为无附属关系的产品开发某种特有功能的公司。虽然 B2B2C 这个词很绕口，但是这类 B2B2C 公司会间接影响消费者，最终使消费者受益于它们的服务。而其他公司会充当 B2B2C 公司必要的中间商。那么 B2B2C 公司到底有哪些？SendGrid[①]、Stripe[②]、Aviary 和 Twilio 都是此类公司的代表，这些公司主要是为开发者提供他们所需的工具，用以简化他们自己的程序。

在这类公司成立的早期阶段，他们需要说服产品团队或开发者接受它们的业务模式。受这一需求的推动，一个业务拓展团队就在公司应运而生了。有些人称之为"驱动方案"。B2B2C 或 B2D 公司成功的诀窍在于，要开发出一款可拓展的产品和一个开发者门户网站，从而使开发者们能够轻松获得他们所需要的东西，并能尽快整合出他们自己的产品。

B2B2C 或 B2D 领域的独特之处在于，它们提供的最好的产品整合起来非常简单，并且易于调整。这对于这类公司来说是非常有利的，因为这样一来，它们的合作伙伴就只需要几位核心的员工来寻求和维护合伙人联盟即可，从而有更多的时间来管理那些最成功的交易。

Twilio 是一家通信公司，正如其官网上介绍的那样，Twilio"能够将电话、互联网协议电话和消息传送嵌入到网站、台式机和移动软件中"。一些公司，比如，爱彼迎（Airbnb）、财捷集团（Intuit）和视频网站 Hulu 都是通过 Twilio 来增加它们的服务以及和客户进行直接联系的。例如，爱彼迎公司通过 Twilio 软件让房东和客人在不显示彼此电话号码的情况下进行通话；财捷集团是一家工资单软件公司，为上百万家公司处理工资单，它们使用 Twilio 的安全短消息服务功能为它们的网站增加

---

① SendGrid 是一个邮件发送服务平台。——译者注
② Stripe 可以为开发者建立的网页和移动端提供支付服务。——译者注

了一层安全保护；Hulu 则将其优质手机支持中心建立在 Twilio 的平台上。所有这些都是成功的 B2B2C 公司的最佳例证。

在向其他商家出售你的产品或服务，特别是如果需要技术团队完善一些使用者即将见证的技术方案时，你的业务拓展队伍中最好配备一名技术人员。许多公司将其称之为"技术布道者"。这一角色对任何一项 B2B2C 服务的成功都是至关重要的，因为该技术人员会独立负责与整合所有的相关技术方面的事情。

为一家 B2D 公司建立一支业务拓展团队的过程是独一无二的，因为如果你发现了第一位非常适合的员工，那么你就无须再建立一个大型的业务拓展团队。仅靠这位员工，你就能支撑很久。事实上，第一次或前两次招聘的员工都会扮演类似的角色。你的目标是和尽可能多的潜在合伙人进行沟通。你需要询问他们对你们公司已有的产品或服务的评价。如果要让这一产品或服务变成对他们有用的东西，他们还需要什么，以及如果你把他们所需的东西都给了他们，他们把这些东西整合起来的可能性有多大等。

只要观摩一下不同公司所采用的各种各样的业务拓展类型，你就应该能够对一家创业公司的业务拓展职位应该是什么样子有一个非常深刻的了解。接下来，我们将谈一谈创业公司的业务拓展团队的组成，以及如何做好充分准备以获得成功。

业务拓展团队的构架

公司进行合作的需求有多大取决于相关公司的类型，并且不同公司的业务拓展团队也会因此呈现不同的人员组成方式。虽然某些技能是普遍需求的，但每家公司都会创建一个最适合其潜在合作伙伴需求的业务拓展团队。在公司创立初期，要想创建最完美的业务拓展团队，就需要注意某些重要的因素。

创始成员和最初的团队建设

业务拓展团队的第一个重要人物常常扮演着教练或者团队首领的角色，他通常会是公司的元老或者创始人，并且是公司 C 级别的高管。当这位最初的团队创建者的能力完全能够胜任时，业务拓展团队通常会由一人组成。一旦他需要第二个人加入时，公司通常会招聘一位地位较低的业务拓展专员，来协助他一起工作。如果这位创建者或者创建者们都是技术型人员，那么这位新人将要与地位最高的业务型员工来合作。当然，也会有极少数这样的情况发生，即所有早期成员都不是业务型成员，那么招聘一位业务拓展总监或者总经理就显得非常有必要。

第一个重要人物的候选人应该具备哪些能力呢？理想情况是，他已经具备在该行业工作的经验、人脉关系网，以及在如何增强公司业务运营方面很有想法，并且必须在其任职30天之内就能看到他的工作效果。这意味着，他要非常清楚公司所需要的合作类型，并且拥有可靠的、可以纳入公司战略制定的合作关系网。

如果公司已经有了一种受用户或者企业青睐的产品，那么经验丰富的业务拓展专员就应该能够在一段合理的时间内达成几宗交易并实现合作。如果公司的产品还没有准备好，或者还没有达到用户可以使用的状态，那此时，更资深的业务拓展专员就应该积极着手进行市场调研，找到产品需要增加或者改进的功能。他不仅要与人际关系网中对行业非常了解的成员进行交流，还要收集来自具有代表性的普通用户群中的交流反馈，然后把这些信息传达给产品和技术部门，以便其对产品进行改进。

第二位雇员是初级职位的员工，同时也应该是一个非常有潜力的候选人，但不一定非要具有在业务拓展团队中工作过的经验。这个职位的工作是协助那些负责积极拓展业务、推介产品、建立合作关系并最终达成交易的团队成员的工作。这种支持性工作的形式包括合作方管理、行政管理以及团队组织。这位初级职位的员工的角色重要性和意义不亚于其他团队成员，因为他是团队的脊梁，帮助建立团队展示台，保证交易流程有序进行，并与团队外部保持联系。如果事情发展顺利，这个角色将会成为这些初级职位员工职业发展的垫脚石，有助于其将来成为主管领导。

初级业务拓展员的角色很有趣，因为候选人并不需要相关的工作经验。初级员工几乎可以来自任何背景，并且会因为具有多种技能而获益。最重要的是，初级业务拓展员和业务拓展团队的创建者或者主管能够建立牢固的工作关系。通常，初级业务拓展员在资深成员的庇护下学习必要的技术，以便最终能在某个业务环节上独当一面。

初级业务拓展员可以凭借自身的三种主要能力脱颖而出。第一，要学得快。如果有人给你讲了某件事，那你就应该能够迅速记住和这件事有关的信息。由于你的主观原因造成记忆错误，你将不会有第二次学习的机会。第二，要主动做事。大多数时候，你要像海绵一样浸泡在知识的海洋里。除了完成分配的任务外，还需要留意还有其他什么工作可以主动去做。最好的初级业务拓展员是那种即使接受的指导最少，也能主动完成任务的人。第三，要解决问题。初级业务拓展员的一个重要责任就是要能预见问题，并在问题出现之前就能解决它们。培养这样的能力是不容易的，需要时间的磨炼。拥有预见问题并解决问题的才能是非常重要的。

初级业务拓展员从向业务拓展主管学习开始，学得越快，就能越早自立，成功的机会就会越大。初级业务拓展员能够从内部接触整个团队，再加上他所在的初创企业都是精英型的（至少尽可能是），所以他能够很快锻炼成为业务拓展主管。如果你能通过提出并达成交易来证明自己，那么没有什么是你不能实现的。

贾雷德·赫克特（Jared Hecht）在汤博乐公司工作期间开始学习业务拓展，之后以联合创始人的身份，领导了社交软件 GroupMe 创建初期的交易工作。他说没有一种特定的办法来供初级员工学习业务拓展。他认为一个人的业务拓展能力强意味着他明白该用怎样的策略去解决问题。"我认为开始进入业务拓展、运营、策略和营销领域工作的人，需要学会的最重要的能力就是学会像把小块拼图拼在一起那样去解决问题。如果在业务拓展岗位上的人想要开一家公司，那他应该完全弄清楚自己的劣势，并在开始行动之前把劣势转化为能力。"

在高管级别职位和初级员工职位之间可以雇用中层管理人员，他可以被称为业务拓展团队的第三位成员。这位成员不仅要拥有与公司的业务领域相关的专业人员关系网，还要有足够的领域知识，以便积极开展工作，并且还要能够与公司以及合作机构的 C 级别高管保持联络。他必须具备足够的技巧才能胜任这些工作。业务拓展团队只有在工作考量指标沿着正确的方向发展时，才需要增加第三位成员。

C 级别高管和业务拓展团队

业务拓展团队的发展方向需要首席运营官（COO）、总经理或者主管业务拓展的副总裁来制定。首席运营官就如同业务拓展团队的教练，他将对公司的运营方向进行决策并决定着团队的首要策略。而业务拓展团队的领导则像一位带领着一群经验丰富的队员的明星投手。投手的主要责任是准确投球，就像高级别的业务拓展专员的责任是达成交易一样。但教练会指导团队制定目标、指出机会出现的关键时刻时机，并最终领导团队取得胜利。

总体来讲，在管理合作伙伴和保持已有的合作关系的时候，大部分业务拓展专员都拥有自主权。作为一位非 C 级别的主管，如果你的 CEO 或公司创始人占用了你的大部分时间，并不允许你完成其他任务，那你必须从他们那里争取更多新的权力和主动性。

可备选的团队成员

如前所述，业务拓展团队的第二个成员通常是初级业务拓展员，协助业务拓展主管达成更多的交易。而有一些公司的策略是聘用第二个与业务拓展主管地位相当的成员，主要负责其他不同的垂直细分市场或合作关系类型。例如，支付公司的首要需求可能是与电商公司合作，第二个需求则是与游戏公司合作。这两个不同的领域要求的专业知识和关系网也不同，因此可能需要两个主管级别的业务拓展员。

其他职位和加强团队建设

前两个主要成员到位后，在配备团队其余的业务拓展员时，需要考虑以下几个因素。首先，所有的团队成员都应该在同一个地点办公。如果一个成员在旧金山，一个在纽约市，还有一个在西雅图，那么这就可能演变成一场大灾难，并且需要花费大量的不必要的日常费用。团队需要整天都待在同一间办公室里。这看似违背常理，因为地域的多样性可能也意味着关系网和人脉的多样性，但是，对需要作为内部和外部搭档紧密合作的团队来说，地域多样性也可能会导致团队不团结。

如果公司正处在一个与大量企业建立合作关系的阶段，公司最终会需要纵向划分业务拓展团队。例如，Aviary 的业务拓展团队曾试图与社交网站、交友网站、博客平台、交易平台以及更多的渠道建立合作关系。管理不同类型的合作公司是一件困难的事，因此就需要重新纵向组织团队，使每一个团队成员各自负责一个具体的领域或者群组的企业。当团队成员分别负责不同的领域（即纵向负责）时，谁来担任核心领导就显得至关重要了，通常是由业务拓展团队的领导或者首席运营官来担任这一角色。业务拓展团队除了要有团队领导和垂直业务领域的专家，还需要技术布道者。

根据公司寻求建立的合作关系类型，业务拓展团队可能需要一位工程师或者技术型人员来担任技术布道者。这个角色也可以由主要负责产品整合的人来担任。

伊泰·拉姆（Itai Ram）曾在苹果公司担任新产品整合项目的经理，在 Vidyo[①]视频会议公司担任产品管理总监，主要负责产品整合。他说："当公司需要实现长期和战略性增长时，业务拓展团队和产品团队之间的关系尤为重要。业务拓展团队提供了企业发展的总方向和战略目标，而产品团队则负责从产品供应、用户体验和产品整体流程图的角度来向合作伙伴推荐。而很多时候，尽管企业花费了大量的资金，但最终还是忽略了用户的利益。"

技术布道者

在业务拓展团队中，技术布道者的工作是联络合作伙伴和挖掘潜在的合作关系，在合作伙伴使用该公司的平台时，在技术整合层面提供实际操作指导，并借助应用程序接口或创建助手函数库[②]来加速整合。这位技术布道者在推介（甚至在达成）潜在合作关系的时候会发挥关键作用，因为他可以提供专业技术知识，解释如何从逻辑层面建立合作关系。他还知道什么在技术上是可行的，以及不同的合作伙伴的需求是什么。

需要技术布道者的公司往往需要进行产品整合。例如，Facebook、谷歌公司和 Twitter 都十分依赖与其他公司的技术合作，这些公司在其提供的平台上进行技术开发。没有技术布道者，就没有人来传达合作公司的技术需求。

技术布道者提供的一系列服务包括：技术支持（帮助公司进行产品整合）、技术

---

① Vidyo 是一家创立于 2005 年的美国公司，专门从事高清视频会议系统研发及生产。——译者注
② 函数库是由系统建立的具有一定功能的函数的集合。此处为帮助类函数库。——译者注

推介和销售。技术布道者会参加开发者大会和编程马拉松活动[①]。他们应该具备工程师背景,这样他们才能够帮助团队编程和建立应用(网站和/或移动终端),而且他们还要知道应该如何通过讲故事进行推介。我们会在第 8 章深入讨论这个角色。

业务拓展与销售

很多人对科技领域的业务很感兴趣,对他们来说,业务拓展这个角色很有吸引力。尤其是从事过银行业或者管理咨询工作的人,他们相信业务拓展意味着企业战略或者企业运营。从事过市场营销或者销售的人有时候会混淆业务拓展和销售之间的关系。

业务拓展和销售之间的这些差别不一定错,但它们却不能全面体现它们之间的差别。业务拓展之所以经常与销售混淆,是因为它会涉及推介产品,或者争取对合作双方都有利的客户,这听起来的确与销售很像。

业务拓展和销售的区别

业务拓展和销售之间最大的区别在于,在公司和业务成长的过程中,业务拓展是在销售之前进行的。业务拓展的主要功能是确定一笔潜在的交易或者合作关系,并且在不同的阶段尽可能地多次重复。一旦某类型的交易达到了一定数量,业务拓展专员的工作就是负责把流程标准化,然后将其交接给销售队伍(无论业务拓展专员是否能够帮助创建销售团队)。相反,只有当公司收入来源稳定,并且在客户规模扩大到一定程度之后,公司才会招聘销售人员。一旦销售团队的人员到位,公司就会设定各种期待他们完成的销售配额(为了表现出色需要完成的特定数量)、发送电子邮件和打电话的数量,以及达成交易的推介数量。销售人员不会在自己专业领域之外去寻找创造性机会。相反,他们会在自己的工作范围之内,对销售推介进行微调或者为特定的受众定制与之相应的推介活动。

[①] 黑客马拉松或编程马拉松,即 Hackathon。在活动中,电脑程序员以及其他与软件发展相关的人员,如图形设计师、界面设计师与专案经理,会通过紧密合作的形式进行某项软件专案。——译者注

马特·范·霍恩（Matt Van Horn）曾在 Path 公司和 Digg 公司担任业务副总裁，他开玩笑说：“业务拓展是没有任务配额的销售。我认为业务拓展团队就是在解决组织中的业务问题，它们常常处理很多难以量化的项目，当然，也有很多容易量化的项目。总而言之，业务拓展就是解决问题。”

以下例子可以用来阐明范霍恩的观点。想象有一家支付公司拥有一款在教育行业运营得非常好的产品，尤其是在辅导学习方面。一旦利基市场确定之后，业务拓展专员就会寻求与众多目标辅导公司达成交易。一旦他证明了公司的理念是正确的、产品是合适的，那公司有可能就会考虑招聘一支销售团队，专门负责教育辅导这个垂直细分市场，并与大量的辅导公司进行合作。支付公司会采用正规的语言和流程，设定目标，并且让薪酬与业绩挂钩。

安迪·埃尔伍德（Andy Ellwood）曾在马奎斯公司[①]（Marquis Jet）担任销售副总裁，目前在 Gowalla 网站和 Wase 公司管理业务拓展团队，他也相信业务拓展和销售的区别在于目标和最终结果，而不是这项工作所要求的技术。他说：“我越来越不相信业务拓展和销售之间有何区别，它们只是一次'销售'活动的不同产出而已。业务拓展的主要特征是达成交易的时间跨度更长，从产品推介到收到'好的'这个答复，需要考虑更多的变量。而销售过程更容易被复制，并且能更快地做出决定，因为'商品'已经成型。但是，除了时机和可量化的'要求'（收益或者销售量）外，业务拓展和销售之间的差别其实就是相同的技能组合产生了不同的收益。业务拓展专员应该是怎样的呢？他或她是另一个行业或者合作类型的开路人，并且会不断重复整个过程。”

从根本上讲，业务拓展专员要求具备创新能力。而销售人员使用的方法就是已经通过大量交易证明的现有模型，它们能被销售团队快速复制学习。

不同类型公司中业务拓展和销售的区别

正如前面所讲述的，业务拓展及其与销售的关系取决于公司类型。我们之前曾

---

① 马奎斯公司是一家为私人飞机旅行提供预付费卡的公司。——译者注

提到过在 B2B 公司，业务拓展团队很少见，销售团队则更多。考虑到 B2B 公司主要销售企业经常使用和必须购买的产品，它们理所当然地需要更多的销售人员。

相比之下，寻求战略分销合作关系的 B2C 公司在招聘销售人员之前则非常需要业务拓展专员。实际上，在 B2C 公司创办初期，创始人常常在达成战略合作关系中起领导作用。尤其是当公司拥有一个以广告为基础的商业变现平台（如谷歌公司、Facebook 和 Twitter）时，它们到后期才需要销售团队。B2C 公司在花时间组建销售团队、实现合理的变现之前，可能会通过战略合作关系来检验不同的分销渠道。

在 B2D 或 B2B2C 公司中，业务拓展在业务和产品生产周期的初期非常重要。因为 B2C 公司的业务拓展专员担任着合作关系领导者的角色，着重于产品融合。在这类情况下，战略合作关系的重点是提升和微调产品。因此，业务拓展团队成员要密切关注潜在合作方寻求的产品特点，从而也参与到产品和工程团队的产品反馈环节中。

业务拓展的"销售"和销售团队的"销售"

每一家创业公司都会卖产品。但是卖产品并不一定就是销售。相反，这些公司都是在售卖它们的愿景，从而壮大用户基础；或者是在向各种人群，包括投资商、媒体和未来员工以及其他有可能合作的公司销售产品。但是这种推介不涉及售卖某种具体的产品，因此不构成传统意义上的"销售"。实际上，多数售卖甚至不会产生直接收益！相反，销售是一种非常结构化的过程，出售的商品或者服务是已经经过测试、能够供特定用户使用的。传统销售的直接目的就是获得高收益，并从企业变现层面来使业务得到增长。

谁能做推介

"售卖"（selling）是可以与"推介"（pitching）互换使用的，通常由展示或者领导合作关系的人来进行——可以是创始人，也可以是业务拓展团队的领导，总而言之，几乎总是那个全面了解公司和业务的人才能做推介。在上一节中，我们也提到进行推介的人可以是业务拓展团队中的任何一个人。

市场营销

市场营销通常不属于业务拓展过程。除了少数特殊的情况,市场营销往往和销售过程协同进行,而不是在推介或者战略合作阶段开展。

业务拓展和市场营销并不会互相排斥。尽管业务拓展专员和市场营销专员的工作本质可能完全不同,但他们之间的合作可以成为一个品牌的营销策略。

例如,齐尚·扎伊迪(Zeeshan Zaidi)是创业公司 Host Committee 的联合创始人。他在音乐界担任阿里斯塔唱片公司(Arista Records)的市场部高级总监期间,曾经与星巴克一起促成了咖啡店和艺术家之间的合作。扎伊迪说:

> 我在商学院的一位同学曾经在星巴克工作,她帮我联系上了星巴克音乐事业部的一名高管蒂姆·齐格勒(Tim Ziegler),我们用几个月的时间讨论了合作的可能性。最后,我们策划了一个全方位的营销合作方案。莎拉·麦克拉克兰(Sarah McLachlan)打造了一张特别的"艺术家的选择"音乐专辑,专辑中收录了她的一些影响力最广的音乐,星巴克在店里销售这张专辑的 CD,同时也在网站上销售数字格式的音乐。为此,星巴克还制作了很多广告来推广这项活动。
>
> 这笔生意解决了我公司所面临的一个主要问题——怎样用有限的资源扩大营销力度,并且能让合作双方都获益良多。星巴克给予了我们很多营销上的支持,它的客户也是我们的目标用户。它获得了独家经营的内容以及与超级明星的合作,这不仅产生了光环效应,还提高了消费者的到店率。除此之外,由于我们的合作是如此成功,星巴克进一步推进了这项合作,将其定为一个正式的项目,并用在与其他艺术家的合作中。

建立关系网

业务拓展的一个重要组成部分是与他人、公司和组织机构建立合作,双方共同来提升产品和服务质量。因此,关系网是业务拓展不可缺少的组成部分,尤其是在公司创建的初期。关系网与艺术和科学一样重要,并且还有几类特殊类型的关系网为业务拓展专员提供与其他领域不同的服务。

面对面社交是建立关系网的基础，但是在业务拓展领域，线上关系网则更为重要。与多数其他领域的关系网不同，业务拓展关系网则鼓励建立更多的线上联系，我们将会在本章后面的部分详细探究这个话题。

那些寻求进入业务拓展领域的专业人士会制定一个关系网策略，并抱着找工作的意愿去建立关系网。而这种交往和第二种类型的关系网（通常是指基于你的联络清单去尽可能地去挖掘你的潜在合作对象）并没有什么显著的差别。在业务拓展领域有一种说法，即一个人的价值与他的关系网的价值一样重要。确实如此，如果没有这样一个关系网，业务拓展专员在寻找高价值交易资源以及要想见到合适的人时就会难上加难。为了克服这些困难，业务拓展专员必须采用不同的策略，利用不同类型的关系网。这样，即使他的起点不高也没关系。

建立专业关系网的活动

建立成功的关系网的第一步就是参加合适的活动。这是显而易见的事情，不管你的目的是找工作还是寻求合作关系，时间都是非常宝贵的，不应该被浪费在错误的活动上。挑选正确的业务拓展活动类型的最好方法是依靠自己的判断和了解自己的动机：如果一个业务拓展专员的目的是扩大他的关系网，那么一个吸引对特定领域感兴趣的个人、公司或者组织机构的活动就比较理想。像这样的关系网活动一般是经常举办的一系列活动中的一部分，它为人们提供了很多机会去认识想要见到的人（比如一月一次的会面或者早餐会）。如果你的目标是尽可能最大化地建立关系网，那么每周参加两个甚至三个这样的活动，会让经常参会的人记住和认识你这位业务拓展专员。

另一种判断一个活动是否值得参加的好方法就是查看宾客名单。大部分知名度高的活动会使用像 Eventbrite 这样的网上订票平台系统来接受宾客回复，并且宾客的名单常常是公开的。查看谁可能参加活动无伤大雅，如果名单上有足够多的你想见到的人，那这个活动就有可能值得参加。

虽然这些方法通常会产生最有效的结果，但是获得宾客名单并不是一个可持续的解决方案。使用社交媒体来规模化地建立关系网是非常有效的，并且还能实现双向沟通。通过 Twitter 关注行业内有影响力的人，很容易知道他们将要参加什么活动。通过公司的 Twitter 账号也可以运用同样的方法来推广活动信息。在 Eventbrite 网上订票平台或者 Facebook 上关注公司用户也会收到同样的效果。

选择、回复邀请和参加关系网活动只是成功的一半。在活动开始之前，你要了解活动的动态——什么公司或者行业会派代表参加，那个行业正在发生什么大事。此时想获得时事消息，就需要通过阅读和回顾产品发布会、融资新闻、趋势故事、收购活动、合作关系以及公关失误来获取。一旦你熟悉了这个领域，从特定的行业领军人物那里获得发人深省和具体的洞见就显得很重要。

如果你在参加活动之前做足了功课，那么接下来就等着真正收获关系网带来的好处吧，并且你可以在活动中最大限度地利用你的时间。以下是一些决定你能否在关系网活动中获得成功的关键因素。

集中精力并找到你事先锁定的人选

做这件事最简单的方法是在人群中找到他们，然后介绍自己。在你介绍自己的时候，记住不要提及你在他们介绍自己之前就已经知道他们是谁了（这是魅力和诡异之间的区别）。

做一个简洁而让人难忘的介绍

重复介绍自己也无妨。参加关系网活动的机会非常多，人们通过这样的活动能积累大量的人脉关系。令人印象深刻的自我介绍不仅要包括你的名字，还要为接下来的交谈引出一个激动人心的话题，并留有进一步深入的余地。例如，以陈述你的名字和公司或者另一种可以联想到你的识别信息的话题作为开头。虽然这只是一个简单的开场话题，但往往会引出收获颇丰的对话。除此之外，这两种信息会让他对你形成一种联想记忆。另外，除非你能相对频繁地与某人见面或者交谈，否则你有必要再次介绍自己。

记住，介绍方式可以随着主题或者关系网活动性质的变化而变化。在与他人见面的时候，准确表达事实是很重要的。例如，如果关系网活动围绕一个特定的主题或者纵向部分进行，那你有必要阐明自己与这个主题或者部分的关系。

顺其自然认识新人，尤其是那些预料之外的、不认识的新面孔

在活动中认识新面孔也非常重要，不管你之前是否了解过他们。一些重要的联系往往会在最意想不到的场合出现，并且你有可能在一个技术专业人士的关系网活动中，发现其他志同道合的人。认识新人，尤其是现有关系网之外的人，是扩大关系网和建立新人脉的最好方法。

与未到场的人进行线下联系

宾客回复有时候也会产生误导作用，如果已经回复参加活动的某个人并没有出席，或者在你能跟他说上话之前就离开了，那么给那个人发一封邮件不失为一个好办法（在网上搜索或者猜测他的邮箱地址）。在邮件中简单地介绍自己，表明你想要在活动之后与其联系的愿望，询问是否可以和他坐下来一起喝一杯咖啡或者在其他场合中让他了解你的公司或者你自己。

永远不要打断他人谈话

在任何工作场合中打断正在谈话的两个人都是非常不合适的，这一点在关系网活动中尤其重要。如果两个人正在谈话，你最好恭敬地等他们谈话结束或者中断后再插话。这点可能看上去更像是普通的礼仪课，但却非常重要。

互换名片

参加这些活动的最终目的是建立关系网，因此拿到可以继续跟进的联系方式很关键。为他人提供一张商务名片，也就给了他们一个理由记住之前的谈话和联系。并且，这张商务名片上要印上带有公司域名的邮箱地址。不能在这种活动中使用个人名片。如果有可能，你还要尝试向对方要一张商务名片。很多公司，尤其是技术领域的公司，常常为员工提供更小巧或者更加袖珍的商务名片，因为这样的名片看上去新潮或者方便携带，但实际上这些卡片在发出去之后非常容易丢失。

劳里·拉辛（Laurie Racine）是教育技术组织 Startl 公司的联合创始人，Startl 公司是教育技术领域中的咨询顾问和促进者，专门为新一代教育培养人才和产品，非常善于建立联系：

我们所有人都可以学会如何锻炼各种"社交能力",让我们相对简单地把周围的人脉集中起来,用21世纪的说法,也就是建立我们的"关系网"。就个人而言,如果必须为我认为对建立关系网最有帮助的方法排序,那以下就是我的答案。

1. 明白什么时候该说话、什么时候该倾听。重要的不是你在何种场合与别人结交,而是你要知道对方在做什么——他在意什么以及他正在忙什么,然后再把他关注的事情和你自己的理念联系起来。

2. 慷慨和分享。慷慨大方的作用是非常神奇的。我并不是建议你应该做个受气包,但是为别人介绍新关系的同时,别人也会更愿意为你介绍新关系。

3. 好学。每个领域都了解一些并不是坏事,哪怕只是一些粗略的了解。你知道的话题种类越多,你就越有能力在知识点之间建立联系,也越有谈资。

4. 无所畏惧。要走出自己的知识舒适区,多参加一些自己不熟悉的领域的活动。记住,不要试图成为房间里最聪明的人,但也不要害怕成为房间里最孤陋寡闻的人,要重在参与。

后续跟进

在活动结束之后,主动保持联系是非常重要的。通过你收集到的商务名片,迅速给对方发送一封简短的邮件,感谢对方花时间与你联系,并且为后续跟进确定具体的时间和话题。在活动结束后,尽快把那些新联系人加到领英通讯录中,以便保证持久的联系。

关系网的其他形式

每次活动,不论大小,不分场合,都应该被当作一次建立关系网的机会。随着互联网的发展,关系网变得更加无处不在,也越来越重要。随时准备好一个完美的介绍,也许在最不可能的地方它就能派上用场(比如,在体育馆、杂货店、派对上和很多其他非工作场合)。能够时刻准备好推介自己或者公司也许是达成合作交易的最首要原因。

通常,很多活动的参加费用高昂或者限制比较严格。布莱恩·基尔(Brian Kil)是在线和移动支付平台 Dwolla 的业务拓展和合作关系专员,他认为做志愿者也许是一种好的替代参加活动的方式。"有些高规格的活动只能凭邀请函才能参加,有的费用高,还有的两个限制条件都有。如果报名成为活动的志愿者,那么即使你不付费或不认识活动的主办方,也可以参与到这些半开放的活动中。"

除了这类严格的碰面论坛活动外,建立关系网的活动还有其他可替代的形式,比如Skillshare[①]技能分享网站、Udemy[②]课程网站和General Assembly[③]培训网站的课程以及主题发言系列活动,甚至还有产品发布活动。时刻关注这些活动也能够打开认识其他人或者参加感兴趣的活动的渠道,并且能培养和确定完美的业务拓展关系网。以下是建立关系网的其他替代形式。

开通博客

保持一种文字的、考虑周全的线上呈现方式能让博主和阅读该博客的人建立一种关系。博客的读者基于他们读到的博客文章来主动与作者联系是很普遍的现象,并且这些人是值得你花时间去建立联系的。通常这意味着这个人喜欢技术、创业公司和业务拓展、从事着与此类主题相关的工作或者对这类主题充满兴趣。

我们在这本书后面部分介绍的很多业务拓展专员都是从写博客开始的。埃里克·弗里德曼(Eric Friedman)是Foursquare公司的营收运营总监,曾经在Union Square Ventures工作,在其入职前,该公司的人员就对其线上呈现方式印象深刻,其中就包括他的博客。他把博客当作表达自己关于数字媒体代理领域的看法的途径。斯科特·布里顿(Scott Britton)曾经在SinglePlatform[④]担任业务拓展部门主任,他利用博客把他的工作分享给感兴趣的人,并且相信这样的广泛推广很重要。在Brooklyn Bridge Ventures工作的查理·奥唐纳(Charlie O'Donnell)的博客非常有名,据说他帮助很多人找到了工作,还为许多公司介绍了不少人才。

总之,博客是一个富有创造力的媒体,你可以通过它表达你对周围世界的看法,

---

① Skillshare 是一个专注于技能分享的在线教育平台。——译者注
② Udemy 是一家开放式的在线教育网站。——译者注
③ General Assembly 是一个开在科技、创投圈里的培训学校,提供包括软件开发、网页设计、数字营销等课程。——译者注
④ SinglePlatform 是一家帮助本地商家快速建立网站并推广至社交及移动网站的创业公司。——译者注

成为某个主题的专家,进而传播你的智慧,或者预测未来。你的博客没必要聚焦商业或者合作关系。实际上,如果博客与现实世界的应用或者故事相关,那么内容往往会更有趣。博客为他人提供了一个了解你的想法的窗口。

除了写博客,你还应该关注其他人的博客,在相关的博客或网站上积极留言。很多科技领域的思想领袖、创始人和风投会定期维护博客,甚至还会在他们的网站上回复留言。一个逻辑严谨、发人深省的回复有时能获得其他领袖的关注,也能因此成为你职业生涯的跳板。

教授或者学习一门课程

有几种不同类型的硕士研究生职业发展课程。Skillshare、General Assembly 和 Udemy 三个在线教育平台都提供这类课程,它们也是拓展关系网的最好地方。学习或者教授一门课程可以提供很多可能性,这不仅会帮你学习和培养职业技能,还能够带你结交那些兴趣相投和志同道合的人。

活跃在 Twitter 上

Twitter 是一个任何人都可以访问的世界舞台,并且几乎任何拥有 Twitter 账户的人都可以在这个平台上发起对话。因为 Twitter 是一个兴趣网络,具有非对称的粉丝模型,是联系志同道合的人的好地方。在 Twitter 上,要关注一个领域的思想领袖和创新者是件很容易的事情,你甚至可以通过一条 Twitter 上的帖子与他们互动。Twitter 也是进行对话和建立关系网的好地方,而且你并不需要走出去,就可以和别人进行面对面的交流。

参与和使用早期社群平台

成为某个创意或者平台早期的活跃用户,也能获得相同的效果。这就像与一屋子的强劲玩家建立关系网一样。这些平台能够提供联系某个重要人物(例如,已经对某个创意或者平台投资的风投和思想领袖们)的机会,或者如果你在平台上表现出色,就能引起一场轰动。这常常是发起对话,甚至是产生线下联系的基础。

创建关系网是促成很多业务拓展领域重大事件的基石。掌握这些技术意味着获得了业务拓展的视野,成为一个能够掌控战略合作关系的人才,甚至能够达成重要的交易。

从 2010 年到 2013 年，Turntable.fm 网站非常受欢迎。该网站允许任何人成为一位虚拟的 DJ 或者听其他人的 DJ 歌曲。亚历克斯在 Aviary 工作的时候，某天晚上就登录了 Turntable.fm 网站，在同一聊天室的某个人决定跟他发起虚拟对话。原来这个人在开发一个图片分享移动应用，正在寻找编辑和滤镜工具，因为他自己目前没有能力创建这些工具。第二天，亚历克斯和他进行了通话，随后把 Aviary 的应用程序界面整合到了他的产品中去。由此可见，Turntable.fm 网站能帮你与早期用户建立关系网，即使你们之间没有太大的关联，它也能促成你们的商务合作。

活动和业务拓展

如前所述，大部分关系网都是在活动中建立的。扩大关系网和认识新人的另一种方法是你自己举办活动。

不过，是组织自己的活动还是参与到一个已有的活动中并不重要。只要你能处在活动的中心位置，这场活动就会帮助你去开发关系网，进而扩展到业务拓展中。开始或者志愿参加一项活动吧，这样你可以接触到很多你不参与就无法了解的事情。

组织和参与活动

组织活动是业务拓展专员融入业务拓展社群（其实任何社群都是如此）中的最好办法。组织活动常常需要与其他业务拓展专员合作，以吸引志同道合的人。组织或者参与活动也可以是融合两个兴趣点的理想方式，不管这是否涉及个人和专业话题的重叠，或者两个不相关行业之间的协调。例如，身为技术专业人士的养狗人士，也许比从表面上看更具有共同点。组织一项养狗的业务拓展专员活动，可能把具有共同兴趣的人聚集起来。建立有意义的联系是很棒的扩大关系网的方法。

像做业务一样举办活动

不管是否需要（由某家特定的公司）组织一场兴趣行业的业务大会，或者是像编程马拉松一样的技术活动，像做业务一样举办活动对（举办这个活动的）公司而言都是有利的。例如，2012 年 4 月，Aviary 宣布，图片分享网站 Flickr[①] 可以把 Aviary 的图片编辑器兼容到它的网站上。这个交易是 Aviary 的关键战略性合作关系，因为这可以让它借助 Flickr 巨大的用户基础，扩大其产品的使用范围。而这个合作关系就是通过一场成果颇丰的技术活动达成的。

2011 年 8 月，Aviary 举办了一场名为"图片黑客日"（Photo Hack Day）的活动，以鼓励图片技术公司创建或者提升产品。当 Aviary 宣布要举办这场活动的时候，受到了不同规模的图片公司的广泛关注，其中就包括 Flickr。

在活动中，Flickr 和 Aviary 可以随时使用彼此的团队，从工程师到业务方面的人员。在那个编程马拉松活动的周末，它们开始初步讨论如何整合两种技术，并且在"图片黑客日"活动的介绍环节之后，就展开了对话。

2012 年 1 月，意想不到的好时机出现了，Aviary 最大的竞争对手在线图片编辑网站 Picnik 倒闭了（2010 年谷歌公司收购了 Picnik），因为谷歌公司当时想要整合自己的产品。Flickr 曾经是 Picnik 的合作伙伴，因为 Picnik 已经解散，所以 Flickr 正在寻找可以替代 Picnik 的合作伙伴，其与 Aviary 的合作意向也就水到渠成地达成了。

这段合作关系对双方来说都是很成功的，因为 Flickr 有自己所期待满足的需求，而 Aviary 希望增加自己的用户数量。当你在特定的行业寻找合作伙伴的时候，举办编程马拉松活动或者特定行业的业务拓展介绍活动，可以为扩大商业关系网创造奇迹。

不管活动是私人的、职业的，还是一项业务，它都和业务拓展息息相关。通过每月的组织活动，业务拓展专员可以获得认可或者建立声誉，并扩大人际关系网；企业可以收获实实在在的成果，成为所在行业的焦点。

[①] Flickr 是雅虎公司旗下的图片分享网站。提供免费及付费数位照片储存、分享方案的线上服务，也提供网络社群服务的平台。——译者注

国际业务拓展

截至目前,我们主要讨论了美国的业务拓展及与其相关的文化内涵。当然,业务拓展也是一个国际博弈。随着技术公司在全世界不断涌现,跨越国界的合作关系变得越来越普遍。

对创业公司来说,时刻把握业务拓展的整体市场非常重要。但就像在"业务拓展视野"部分中提到的那样,如果你想要尽可能地提升自己的远见,时刻关注国际业务拓展交易和值得关注的活动也非常重要。一些行业和纵向分支部分在不同国家的发展速度不同,因此,理解在其他主要市场上的不同利益团体的商业模式就变得至关重要。

无数的公司已经在国际上推出了自己的产品,并且发现有大量的人群正等着消费它们。其中就包括普遍存在的社交网络,它们在美国可能已经是旧产品,但却在国际上取得了成功,因为它们与其他地方的文化和消费者产生了共鸣。

Twitter 就是一个在国际市场上迅速取得成功的例子。不同国家之间关于分享信息的社会态度不同,根据当地文化的差异,公司可以获得不同程度的成功。

例如,拉斯·菲耶尔索-尼尔森(Lars Fjeldsoe-Nielsen)曾经在 Dropbox 云存储公司担任移动业务部门的主任,现在是优步公司的移动业务部门的领导。他发现,不论在何时达成交易,他都必须了解文化的细微差别和差异,从而不冒犯任何人。"我发现这一点很有必要……它可以在合作伙伴和我的公司之间起到缓冲作用。很多文化差异在翻译中都遗失了。"

国际业务拓展的重点之一是要让产品可以针对各种市场做出调整。例如,由于不对称的粉丝模型以及当地名人在这个平台上的数量,Twitter 能够为每个国家设计和本土化它的平台。另一方面,尽管多年来,Facebook 一直处于社交媒体的主导地位,但仍然有很多难以和其合作的国家,例如,在俄罗斯和日本,Facebook 的竞争对手分别是 VK[①] 和 Mixi[②]。

进入新市场的公司，尤其是国际市场，必须考虑细微的文化差异。很多公司刚刚开始在海外实施商业变现，并且想要进入海外市场，但在联络代理合作商时却遇到了很大的困难。这些团队附属于第三方，能够帮助公司销售产品，并且有专门的团队来做这件事，但它们仍是保持独立的实体。这种现象在除了巴西以外的拉丁美洲市场很普遍，其次是除了日本以外的亚洲市场，这些市场的文化差别也特别大。公司给第三方设定收益目标，为合作关系设置时间轴，如果目标实现了，合作关系就算是成功的。

埃里克·巴特斯克（Eric Batscha）在个性化教育初创企业 Knewton 工作，Knewton 是一个根据个人需要设计教育内容的适应性学习平台。埃里克在达成国际合作的协议方面具有丰富的经验。他在北京居住了一段时间，期间在雅虎公司担任财务经理，并且领导达成了很多国际交易。埃里克阐述了在进行这些交易时收获的经验，并且建议除了理解文化的细微差异，为两个地区提供很棒的产品仍然是必须的：

> 我获得的最好经验就是，当我第一次开始考虑在国际市场上做业务的时候，就"去到那里"。这看上去是一种很老套的说法，但在我在中国和亚太其他地区工作期间，这条经验给我的事业带来了很多好处。不管是找工作还是达成一项交易，当我到达那个地方之后，我的成功率就会迅速提高。不管你是在纽约跟一位媒体高管谈话，还是在广州跟一家洗衣粉公司的品牌经理谈话，跟未来的合作伙伴面对面交流总是更好。
>
> 尤其在亚洲，也许由于从地理位置上来讲你来自遥远的"西方"，所以当地和外籍的专业人士都只会把你看成一位"访客"。如果你只在他们的市场上工作了几周的时间，那你怎么能了解他们的业务呢？并且他们是不会在意你是否已经在网上或者跟第三方做过市场调查。如果你待了 14 个小时之后就坐飞机离开

---

① 俄罗斯最大社交网站。——译者注
② 日本第一大社交网站。——译者注

了,那他们凭什么会放心把几百万美元的预算托付给你呢?

出于同样的原因,如果你搬到亚洲或者在市场上投入六个月或者更长的时间,那他们会给你一种表面上的信任:"如果你愿意这么大老远跑来并且待在这里,那你肯定在乎我的业务。"然而这种信任也就仅限于此。你依然必须使你的产品带来价值。

找到你的业务拓展导师

在任何一个领域,建立关系网最重要的原因之一就是为了找到一位导师或者赞助人。他可以在各种职业生涯的关键点引导你,也可以在必要的时候为你提供重要的指导。业务拓展专员有几条可选的潜在职业路径,并能通过与他人建立关系而得以蓬勃发展。在这样的情况下,拥有一位业务拓展导师会更加有益。

导师和赞助人的区别

传统上讲,与导师的关系和与赞助人的关系的区别在于,与导师的关系是职业关系,在这种关系下,导师提供职业相关的建议和指导。赞助人是西尔维亚·安·休利特(Sylvia Ann Hewlett)在其所著的《不要导师,要赞助人》(*Forget a Mentor, Find a Sponsor*)一书中创造的一个术语,是指那些帮助员工、并为其提供合适的人脉的人。他会尽可能随时为员工寻找推介或者提升其事业的机会。在业务拓展领域,导师也许会提供指导和全面的职业推荐,其中包括供职公司的类型、加入或者创建的团队,或者培养技能的机会。而后者则会提供一种可能有促进作用的人脉,包括和交易相关的引荐、升职,甚至是另外的工作机会。

如何找到业务拓展导师或者赞助人

最明显的业务拓展导师人选就是直接领导业务拓展团队的人、一位老板或者经理。正如在前文所提到的,这个人可以是公司的运营总监、业务拓展团队领导,甚至可以是一个部门的领导,这和公司的规模有关。

在寻找导师的时候,最好不要直接请对方当你的导师,而是要让事情自然而然地发生。通常,职位更高的人会对一起做过项目或者分配到同一个团队的初级员工感兴趣。在同一家公司里，导师是上级也是很正常的，因为教导通常发生在日常工作的互动过程中。对业务拓展专员来说，业务拓展团队领导或者公司的运营总监是需要争取的重要导师。这些职位更高的人可以提升初级业务拓展专员在团队中的角色，为其提供职业路径，还能成为他们的榜样。

对那些想要在业务拓展领域长期发展的人来说，与公司中的其他团队成员培养导师或者赞助人关系，以及与其他公司的业务拓展专员培养导师或者赞助人关系都非常重要。

如果要寻找的导师在其他团队或者在不同的公司工作，那最好考虑一下你最需要从这段关系中得到什么。有些人拥有数不清的导师，每位导师都来自不同的行业：一位导师指导如何融资（曾经成功融到资金并且懂行的公司创始人）；一位导师指导如何招聘和吸引最好的人才（在招聘方面非常成功的人员）；一位导师指导如何设计（有才华的设计师）；一位导师指导如何做工程规划（可以帮助他们让业务成规模化发展）；还有更多的导师会在职业发展道路上帮助他们。

为了业务拓展，你也要培养一个导师关系网。莎拉·弗里亚尔（Sarah Friar）是Foursquare公司的财务总监，她鼓励人们把导师关系网看作一个"私董会"。在我们看来，第一位导师应该是你的直属上司，他会帮助你的职业发展；第二位导师应该是一位拥有几年经验的公司以外的人员，你可以向这个人学习，听取他关于长期职业规划的建议，并可以对他讲真心话。对除此以外的导师的选择则取决于你自己的需要了。如果你想要一位指导你如何达成交易的导师，那就去找一位；如果你想要一位推介方面的导师，也可以去找一位。

"你不找导师，导师就找你"这句话的意思是说导师和学员需要彼此合适。你们不能相互强迫。你可以全力以赴去找到那个正确的人，但是到最后，你们可能互相合适也可能不合适。找到合适的导师的最好办法就是在自然的场合中花时间和他们相处。如果你在寻找设计导师，那就去参加与设计相关的见面会、活动或者大会；如果你在寻找社群经理导师，那就去类似的社群经理聚会的场合。当你与足够多的潜在导师碰面时，你可能会与某个人产生共鸣，也可能不会。你不需要把这件事变得非常正式。导师可以是你能时常咨询并获得智慧建议的人，也可以是你能每隔三个月才能一起坐下来聊聊的人。最后但却最重要的是，你要主动培养和维护这些关系。

正式的导师关系项目

很多成熟企业都会有关于人力资源或者学习和职业发展的项目，在公司内部为员工提供正式的导师人员配置。这些项目可以成为业务拓展部门的新成员的巨大财富，并且显著减少了他们寻找导师时的准入障碍。

正式的导师关系项目不必完全集中在教导活动上（尽管很多项目都如此）。那些赞助类的导师关系项目也可以包括孵化器项目，像TechStars、Y Combinator以及500 Startups。它们作为一个社群或者关系网，其成员可以从校友或者该领域被指定作为项目导师的人中寻找导师关系。

大多数情况下，正式的导师关系项目涉及导师和学员，他们因为特殊的原因搭档在一起。这些原因可能包括共同的经历、共同的爱好，或者仅仅在相关的领域工作。大多数情况下，他们之前通常没有在正式的职场中一起共事过，并且大多数互动的前提是这两人都有意向组合。正式的导师关系项目能把你介绍给公司其他业务领域的员工，这也是你扩大关系网很好的方式。如果培养方式正确，这些关系就会超出正式导师关系项目的时间期限，并且就像建立关系网所期待的那样，最终能够在未来转变成工作机会或者合作机会。

应用程序接口和业务拓展

应用程序接口是一个流行词，常常与技术公司相关，很多从事业务方面工作的人对它不太了解。但是业务拓展和应用程序接口则是息息相关的，对于业务拓展专员而言，了解应用程序接口是如何工作的至关重要。当你向另一家公司推介合作方案时，应用程序接口能够成为产品整合的支柱或者各种信息的门户，帮助你在交易中获得更多的好处。

初级人员的应用程序接口

应用程序接口是可以让第三方开发者在一个平台上开发程序的门户网站。同时它也是一个指导各种软件组件应该如何相互作用以实现两种技术结合的标准规范。通过一个应用程序接口，开发者能够提取可用信息或者功能，并将其运用于自己的应用中。

建立应用程序接口

应用程序接口和业务拓展看起来不太像一个组合，但是它们之间的关系非常重要。应用程序接口能够帮助两家公司快速建立合作关系。它们为开发者提供了获取功能和/或构建平台的能力，从而使合作关系更容易实现。

应用程序接口在 B2C 类型的企业中比较普遍，因为这些公司拥有消费者的信息，而开发者愿意了解这些信息。当编程界面变得可访问、易理解、可使用时，应用程序接口在战略性合作中就会表现最佳。由于这个原因，企业常常会与潜在的合作者共同开发这些第三方愿意使用的功能，这样做也让公司确定了自己想让外部开发者工作的方向。

B2C 类型企业的应用程序接口全部与信息相关，B2B2C 类型企业的应用程序接口则关注功能。Aviary 就是一个很好的例证，它把业务从强大的图片编辑工具目的网站转变为网页和移动轻量级的编辑平台，并且这种转变是通过开发者和公司一路引领实现的。Aviary 的管理层会提出一个大致的想法和方向，并在开发者和公司的帮助下形成最初的产品以及之后的迭代。这种办法为公司带来了丰厚的收获——Aviary 两年后宣布，它拥有了 5000 万月度活跃用户（MAUs），飞速超过了之前数据表上的最高月度活跃用户数。

为什么公司需要应用程序接口呢？应用程序接口有两个典型的用途，而且这两个用途都与处于早期发展阶段的技术公司的业务拓展策略关系密切。第一，建立应用程序接口可以培养开发者社群，最终让公司扩展其平台的能力。这些服务大多数是免费且易于使用的，并且为公司下一步构建什么功能以及如何构建提供了好的创意。

第二，商业变现。有时候，应用程序接口作为服务是免费的，但是被其他公司进行商业变现之后，最初的平台就会要求支付使用费或收益提成。大多数时候，开发者可以免费使用应用程序接口，但是公司对使用或者进入应用程序接口的用户收费似乎也合理。Twilio、SendGrid 和 TokBox 在线视频聊天应用开发平台都对使用其应用程序接口的开发者和合作方收费，这么做也许是为了清除那些没有认真在它们的平台上进行开发的用户。这两个使用实例让公司更容易得到需要的功能，并且/或者在与另一家公司合作时，不需要每次都经历艰难的磨合过程。

建立开发者门户网站

一旦应用程序接口建成，战略合作关系也就随之形成了，下一个需要关注的最重要的因素就是应用程序接口本身的可用性和可接入性。为了提供这些功能，公司需要创建一个开发者门户网站，来专门与产品接合。这个网站涵盖了另一家公司使用你的应用程序接口时所需要的一切。最好的开发者门户网站就好比一站式商店，目标是让开发者和其他公司使用应用程序接口时不需要联系平台公司，这样也可以使平台公司的规模无限扩大。

当应用程序接口还是一个新概念的时候，用户对信息的初始访问会非常麻烦，并且要求具备特定的技术能力才行。但是开发者门户网站的概念推动了应用程序接口的发展，让更多的用户可以进行信息访问。实际上，人们对开发者门户网站最大的误解就是，认为它们只是供开发者使用的。其实并不是这样的。在大多数情况下，尤其是与业务拓展交易有关的时候，潜在合作伙伴的业务主管或者非技术型创始人偶然发现了网站的应用程序接口部分，然后开始浏览开发者门户网站。因此，公司要让潜在的非技术型合作伙伴很容易从他们的开发者门户网站上看到公司在应用程序接口上提供什么样的功能，潜在的合作公司会评估这样的功能是否与它匹配。如果开发者门户网站设计得太让人迷惑，那么不管这个应用程序接口对开发者来说有多好，非技术型创始人都有可能决定不使用该平台。

例如，Dwolla 的开发者门户网站有一个像树一样的功能结构。如果有人进入开发者门户网站，第一个问题会问这个人是否会编程。如果该用户会编程，他就会被带到技术性更强的接口，深入探讨应用程序接口文件。相反，如果用户不会编程，他就会被带到非技术层面的门户网站。这些重要的依据都阐明了为什么 Dwolla 是合适的合作伙伴，以及它是如何为开发者提供成功的产品的。Dwolla 的开发者门户网站还包含了常见问题的答案、能达到恰当的联系点的链接。

开发者门户网站是链接应用程序接口和业务拓展的幕后英雄，并且能够成为两家公司合作的根本原因。然而，只有门户网站是不够的，你仍然需要全面了解产品，以及透彻理解怎样实现技术融合。塔努·帕里克（Tanuj Parikh）是 Estimote[①] 的运营部门的领导，当他在 GroupMe 负责合作关系的时候，他谈到了应用程序接口的重要性。"GroupMe 拥有一个公共的应用程序接口，能在第三方（手机或者网页）的应用上实现群聊功能。我们成功地把这个应用程序接口推介给了某些品牌（如露露柠檬[②]和娱乐与体育节目电视网[③]），还有某些开发者商店（如 Xomo 和 SEED Labs[④]）。在这两种情况下，最重要的策略是以产品为导向。我的意思是，你要理解产品的所有技术堆叠，还要明确如何实现融合。这样能让我们的业务拓展团队预想问题和关注点，在整个过程中把握好方向。"

如何吸引应用程序接口用户

基于信息共享的合作关系取决于这样一个事实，即公司有可用的应用程序接口来吸引消费者和开发者在其平台上进行开发。确实，大多数公司刚开始都很难说服开发者使用其应用程序接口。如果是这样的情况，以下的方法可以用来增加应用程序接口的知名度。

与已使用该应用程序接口的公司一起发布此产品

在完成这个应用程序接口之前，有必要与有可能从这个应用程序接口中获益的潜在合作伙伴进行初步的交流。这样做会让这个应用程序接口变成易于融合的平台。它也会带来公司融合的连锁反应，如果能够表明平台是易于融合的，那潜在的合作公司就不会再问"谁在使用它"。最后，提前发展战略合作关系可以吸引媒体，增强宣传效果，增加应用程序接口和其他融合了此产品的公司的知名度。

---

① Estimote 是一个向第三方开放的结合物联网并基于位置进行营销的平台。——译者注
② 即 Lululemon，是美国瑜伽服装品牌。——译者注
③ 即 Entertainment and Sports Programming Network，缩写为 ESPN，是一家 24 小时专门播放体育节目的美国有线电视联播网。最初 ESPN 也播放娱乐节目，后来全力发展体育节目。——译者注
④ SEED Labs 是一家从事物联网行业的电子产品制造商。——译者注

在发布一款应用程序接口时，如果没有潜在的公司对使用它感兴趣，那么公司就无法期待好结果的出现。出现这种情况的原因通常是产品功能与用户和开发者的需求不匹配。这可能预示着整个平台在可持续发展能力和规模化方面有更大的问题。但最坏的情况是花费资源和时间创建了一个没有人有兴趣使用的应用程序接口。

举办活动

应用程序接口对推介和达成交易有帮助，并且是将来与产品相关的业务拓展的重要部分。通过举办活动，能帮你把你想合作的公司聚集在同一平台上。编程马拉松活动是展示应用程序接口并从用过它的开发者那里获得反馈的绝佳方式。通过举办活动，可以促使开发者在平台上建立应用程序接口的新功能。

编程马拉松活动之所以成功是因为其关注点在公司和对外发展的潜力上。当应用程序接口成为焦点时，很多目标公司或者开发者就很容易聚集在一起，共度一段全神贯注的时间，这会帮助公司彼此之间建立起有实质意义的联系。虽然编程马拉松活动很少在活动结束后就产生可以发布的实际产品，但它们非常有助于公司在同行及其想要合作的公司类型中树立形象。

如果编程马拉松活动是由另一家公司主办的，那我们的建议是通过最低费用的赞助去参加该活动，为使用你的应用程序接口的人们提供小奖品。这样在与开发者互动方面通常能获得最好的效果。除此之外，编程马拉松活动是与开发者谈论你的产品的好时机，你会得到诚实的、让产品变得更好的反馈。很多公司利用编程马拉松活动来发布应用程序接口的初级版本或者应用程序接口的功能，以便得到开发者的重要反馈。

技术布道者

尽管业务拓展专员与合作伙伴密切合作，鼓励他们使用公司的应用程序接口，但复杂的产品整合工作通常要求具有技术能力的人员参与，技术布道者正好满足了这个需求。技术布道者负责与开发和管理应用程序接口的业务拓展团队以及设计师团队合作，并且与潜在的开发者合作伙伴对接。他被寄予期望去负责传播此款应用程序接口的相关知识，以确保用户和合作伙伴明白平台是如何运行的。

技术布道者与业务拓展专员和工程师共同合作，阐述公司的应用程序接口的优势（以及劣势）。他既可以与其他公司的工程师团队联系，从专业的层面讨论合作的可行性，也可以使用此应用程序接口来提升公司付出努力的可信度。另外，技术布道者还要解答公司内部和潜在的外部合作伙伴的业务拓展团队成员的相关技术问题。最后，他可以在与合作伙伴进行产品整合时帮助找出故障，并对技术难题进行分类。

规划未来

一定要记住，应用程序接口应纳入公司更大的商业战略策略中考虑，这一战略最终能使公司业务得到长足增长。这就意味着必须把应用程序接口和开发者门户网站当作公司平台的动态特征来进行实时更新。因此，经常与服务的用户对话和迭代产品非常重要，这样它才能成为那些合作伙伴一直想要使用的产品。

由于应用程序接口常常会分阶段发布，所以一旦产品向大众发布，就更难控制产生服务的用途。这其中涉及微妙的平衡艺术，有些公司只允许通过应用程序接口获得其数据的某一个子集，而不允许开发者访问所有的数据。当公司担心其他开发者利用接口创建与平台竞争的产品时，常常只会通过应用程序接口提供部分信息。采用这种方法的危险在于，如果应用程序接口限制得太强，那开发者们将不会再使用它。

而有些应用程序接口仅仅是回溯信息的门户网站，还有一些实际上有自己的功能。像 Facebook 和 Twitter 这些应用程序接口，要求合作伙伴在它们能够获得的数据基础上创建。其他应用程序接口具备编辑图片、处理支付或者发送短信等功能。这些接口可以让非工程师人员使用，因此在创建应用程序接口之前要考虑格式。

关于业务拓展的职业发展

对于技术公司，尤其是创业公司来说，业务拓展是一个相对年轻的"职业"，但是它植根于其他很多类型的商业角色的职业轨迹中。由于推介和达成交易都是业务拓展的主要工作内容，我们认为有必要列出你在业务拓展过程中开始推介直至达成交易的各个阶段，并说明如何使用这些技巧。业务拓展是非常受年轻人欢迎的职业，因此，我们为有兴趣在业务拓展领域开拓事业的职员总结了几条可行的职业发展路径。

确定第一份工作

就像任何第一份或者入门级的工作一样,能在技术公司的业务拓展部门工作是很多人梦寐以求的。以下几个策略能帮你获得一份在技术公司初级岗位工作的机会。

第一步是找到那些让人振奋的、能提供工作机会和职业发展潜力的成长型行业。工作中充满了无限可能。在教育、时尚、医疗保健、支付、社会、本地、图片和视频等很多行业中,技术公司都在干大事。如果你已经在每个感兴趣的垂直领域列出了 10 家公司,那下一步你就要找出这些公司的重要员工,看看你是否想为这些人工作或和他们一起工作。业务拓展员工只会像他们的直接上级一样好。一位好上司能帮你在短时间内获得几年的事业成果。

既然你已经完成了规划,那你就应该开始查阅关于该领域、公司和重要员工的所有信息了。你应该了解它们在一些公众平台上阅读和书写的内容。这不仅适用于创业公司,还适用于每一个行业。每个领域都有自己的出版物和思想领袖。创业公司可用的信息来源包括科技博客 TechCrunch、VentureBeat、《快公司》(*Fast Company*)杂志①,以及一些思想领袖的个人博客,如弗雷德·威尔森②(Fred Wilson)、克里斯·迪克森③(Chris Dixon)和马克·苏斯特④(Mark Suster)等人的博客。

如果你已经做了调查,并且随时跟进该行业的当前动态,那接下来就该安排会面,也是时候建立关系网了!就像阅读资料一样,每个行业都有自己的主要活动。有些行业活动频繁,有的行业一两年才举办一次活动。如果你过早参加这些活动,可能存在的风险是你会显得不专业或者跟不上节奏,这就是在开始高强度建立关系网之前有必要做研究和阅读资料的原因。建立关系网是扩展人脉和获得工作机会最好的方法之一。

有一个秘密是,大部分最好的工作岗位从来不公开招聘。很多时候,雇主很清

---

① 美国最具影响力的商业杂志之一。——译者注
② 弗雷德·威尔森是来自纽约的著名博主和风险投资人。——译者注
③ 克里斯·迪克森是美国网站 Hunch 的联合创始人兼风险投资人。——译者注
④ 马克·苏斯特是一名创业者兼风投资本家。——译者注

楚该职位想要的人选，或者在职位空缺之前就已经在幕后讨论谁适合这个职位了。在创业公司的圈子里，投资人和风险投资人通常都会这么做。如果风险投资人支持的公司计划在接下来的六个月中招聘一名业务拓展专员，并且风险投资人知道此事，那么他也会用任何可能的方式设法帮助这家公司。综上所述，如果你的关系网中有一些投资人，那么在你寻找第一个业务拓展职位的时候，与他们联系就是你开启职业生涯的最好起点。

这并不是说通过传统的网上申请和面试就找不到工作。只是当你和要应聘的公司没有任何关系的时候，你就不容易获得职位。公司会首先考虑它们的关系网中推荐的人选，如果找不到合适的人，它们才会发招聘启事。

尽早引起公司注意的方法就是在其业务拓展岗位上实习。很多公司把实习生招聘为全职员工，并且随着公司的发展，那些实习生变成了重要的员工。如果你能证明你能为公司创造有价值的财富（你调查能力强、富有洞察力等），而公司又正在扩大规模，那么你将获得一份全职工作。

有时，但不总是这样，在公司无报酬实习也是有意义的。无薪实习确实是个棘手的问题，因为作为实习生，你需要在无偿工作和为自身增加足够的价值之间寻求平衡，要让公司觉得离不开你。艾琳·佩蒂格鲁（Erin Pettigrew）就属于这种情况，她最初在 Gawker[①] 做实习生，后来晋升为业务拓展部门的副总裁。只有让自己变得不可替代，你才能成为全职员工。

不管你的应聘策略是什么，展现对这个行业的激情和兴趣很重要，尤其是在业务拓展领域。谈到某个行业、公司或者职业时，才华横溢、激情澎湃的谈吐能够让你作为一个合格的候选人脱颖而出。

---

① Gawker 是一个总部位于美国纽约的博客网站，创立于 2003 年 1 月，宣传口号为"曼哈顿媒体新闻和八卦的源泉"。——译者注

三个常见的业务拓展专员成长路径

成为业务拓展高管

像许多其他职业路径上的人们一样,成为业务拓展专员的一种可能性是,留在业务拓展部门。通常这些职业业务拓展专员开始就业的第一份工作就是科技公司业务方面的初级员工,随后逐渐成长为业务拓展的初级员工(或者他们运气好,直接就可以应聘到这些职位)。

作为初级业务拓展专员,你的工作是支持业务拓展部门主任或者你的汇报对象(运营总监、创始人或其他人)。这可能会涉及所有的工作内容:从寻找机会、制定发展策略到研究产品或者你下一步有兴趣涉足的纵向市场。作为初级业务拓展员工,尽最大的努力做好本职工作是非常重要的。这意味着你要在一个不断变化的领域具有很强的适应能力。风险承受能力也是必不可少的。初级业务拓展专员是在不确定中成长起来的人,为了解决问题,必要时还需争强好胜。

初级业务拓展专员在工作几年后,就可以在公司间来回流动,帮助公司达成交易,开拓业务。每个人对与成熟公司进行交易的兴趣程度不同,在很多情况下,当公司进行了多轮融资后,业务拓展专员会转而为创业公司提供同样的服务。

最终,这份职业可以在其他几个可行的机会中达到顶峰。最自然的是被任命为一家公司的业务拓展部负责人,领导制订战略计划,引导公司向前发展。另一个选择是成为公司的总经理。总经理通常是一家技术公司主管业务的第一领导,有时被称作"超级督导"。这个人负责支付账单,确保与合适的战略公司进行对话,并把融资放在首位。还有一个机会是,鉴于运营总监和业务拓展专员之间的紧密联系,业务拓展专员可能被指定为公司的运营总监,尤其是在公司成立初期。

这条职业路径最适合倾向于在运营岗位上一展身手的人员,他们在寻找、达成交易或者与其他公司合作时,很享受为业务拓展专员指明方向所带来的那种成就感。那些选择业务拓展职业路径的人可以培养与销售或者市场营销相似的技能。

Foursquare公司的总经理埃文·科恩(Evan Cohen)就是一个很好的例子。作为一名职业业务拓展专员,他做出的职业选择都是正确的。埃文曾经在几家公司工作过，包括在 Bebo 社交网站担任业务拓展部门的副总裁。自从几年前加入 Foursquare 后，他确实帮助这家公司把业务提升到了一个新的水平。

公司创始人

对于从业务拓展岗位开始职业生涯的人来说，另一种成长路径就是变成公司的创始人。这并不是一条罕见的路径，因为进行业务拓展和达成合作关系所要求的技能都具有创业精神，并且也是理解如何创立和运营一家公司的重要基础。业务拓展专员负责进行战略性思考，包括增加业务、产品变现，以及设想平台的未来。这些技能与创办一家公司要求的技能是非常相似的。

在创业公司中，早期的业务拓展员工常常扮演联合创始人的角色。为了拓展业务，优秀的业务拓展员工完全专注于公司和公司的产品，并且会涉足公司的很多领域，扮演着与非技术型创始人类似的角色。总裁的责任包括招聘合适的员工、确定公司的愿景以及确保持续不断的资金支持。在很多情况下，公司创始人并不适合做总裁，而是成为了业务拓展部门主管。这是自然而然的事情，因为两个职位所需要的技能类型和对公司前景的认识是比较相似的。

贾雷德·赫克特在 GroupMe 工作时，从业务拓展岗位做到创始人的过程就是一个很好的例子。贾雷德到 GroupMe 工作之前，曾经在汤博乐的业务拓展部门工作了两年。之后的事情就众所周知了，他和他的联合创始人史蒂夫·马尔托奇（Steve Martocci）在一年之内以数千万美元的价格把 GroupMe 卖给了 Skype。

有必要提醒大多数人，你也有可能成为失败的创始人。在几家创业公司的业务拓展岗位上工作过的人员，往往会在离开之后创办自己的公司，但却在几年之后失败了。业务拓展专员应该意识到这种事情常常发生，并且大多数创业公司确实会失败。这次失败不会成为简历上的污点，也不应该是要隐瞒的事情。相反，它可以成为你的优势，让你在不同的创业公司寻找到另一个业务拓展职位，甚至进入该行业的投资领域。从失败中优雅地东山再起的最关键方法是与投资人、顾问和其他公司的赞助人保持良好的关系，他们甚至能在你失败后为你提供一个振奋人心的工作机会。

风险投资人

通常，职业业务拓展专员选择的最后一条成长路径就是成为风险投资人。这是很普遍的事，因为在达成合作关系或者战略性愿景开发过程中，业务拓展团队与风险投资人的交流非常频繁。风险投资人经常需要职业业务拓展专员为他们的基金工作，因为他们拥有业务拓展经验和运营经验，并且能认识到一家投资公司的潜在优势。

从业务拓展专员到风险投资人的转变比普通的跳槽更需要时间和经验。业务拓展部门主任常常在风险投资基金中被提拔为合作伙伴，因为他们拥有风险投资人想要获得的特定技能组合——行业领域内的专业知识或者深厚的人脉。

选择了这条路的最好例证是克里斯·弗拉里克（Chris Fralic），他现在在 First Round Capital 担任管理合伙人。在 Half.com 被易贝公司收购时，克里斯担任其业务拓展部门的领导；在美味书签①（Delicious）被雅虎公司收购时，他也是业务拓展部门的领导！

继续深造 MBA 学位和研究生课程

科技领域对商学院的态度是非常复杂的。有知名人士曾直言不讳地表示学位是毫无价值的，但也有其他影响力颇深的技术领袖认为学位是很重要的。目前该领域还没有对此达成共识。

不建议攻读工商管理硕士（MBA）的原因有很多：价格高、费时、可能会失去职业晋升的机会。获得 MBA 学位并不意味着能拥有转换职业的机会。社交媒体的出现能让我们与之前在生活中遇到的人保持联系，因此通过学位学习获得人际网的功能就失效了。有些人表示，在与职业相关性上，在工作中获得的训练比在学校学习的知识更有用。

先不谈反对获取 MBA 学位的传统观点，职业业务拓展专员倒是或许看到了离职两年攻读一个高级学位的好处。那些对技术和创业公司圈子感兴趣的人用一些具体案例证明了攻读 MBA 学位在以下方面还是有用的。

---

① 美味书签是标签类站点，帮助用户共享他们喜欢的网站链接。——译者注

- **有助于转行**。这是追求商业学位的人的普遍观点。商业学校为那些有兴趣转换行业或者职业路径的人提供了一块空白画布，或者说一个从头再来的机会。拥有 MBA 学位的人通常在实习过程中，或者在取得学位之后，才拥有第一次正式的业务拓展经历。选择这条路径的人往往是那些在目标行业中没有太多经验的人。
- **获得特殊的人脉**。不同的商学院所擅长的路径或者行业不同，并且在这个见多识广的职业阶段，人们力求培养深厚的人脉。商学院可以成为建立关系网或者联系某个行业的特定同行或者校友的好机会。尤其是当大学或者高中的人脉不够用，渴望与学校本身建立联系时，商学院是最好的机会。
- **晋升到高级管理岗位**。在业务拓展领域，没有 MBA 学位或者正式的商业教育背景的话，一些职业路径也是很难实现的。例如，规模稍大点的技术公司即使只有 100 多人，它的高级管理职位也常常要求具有 MBA 学位。拥有 MBA 学位意味着这个人拥有商学院教给学生的知识。这些学位是有价值的，而且在这些课程中，人们既能获得硬技能又能获得软技能。在衡量是否继续在商学院深造的可能性时，业务拓展专员要考虑的主要因素是，离开这个行业两年是否值得，或者课程是否对工作所需的实用技能更有用。

在创业公司圈里，谈论要去商学院继续深造是一个敏感的话题。很多知名人士没有获得 MBA 学位（甚至大学或者高中学位），但是他们在这个行业取得了巨大的成功，并且认为这个学位并非必需的。当然，也有的人不会招聘没有学位的职员。读商学院可能会获得成功，也可能会失败，这是一个非常私人的决定，业务拓展专员必须自己拿主意。

替代取得传统的 MBA 学位的最好方法是参加在职研究生课程。很多提供 MBA 学位课程的大学也提供高级管理人员工商管理硕士（EMBA）课程或者晚间课程。这也许是最理想的办法，因为它们允许个人在与行业内的趋势保持联系的同时，获得在职业生涯中可能需要的相关主题的正规培训和教育。

数字身份

显而易见，创业公司的业务拓展一般通过使用技术来实现，如电子邮件、Twitter 帖子、领英信息。因此，作为合作关系专员，拥有强大的、精心设计的数字身份是至关重要的。

不管是在业务拓展行业找工作、达成交易、与伙伴合作，还是建立人际关系网，任何人认识另一个人的第一步行动就是在互联网上查找对方。对其进行简单搜索之后，也可以在社交媒体和其他公共平台上浏览有关对方的花边新闻，以便更好地了解他。

如何维护数字身份完全取决于你自己，并且这应该是一项令人享受的任务。数字身份包含几个方面，但一般指的是能在网上找到的关于一个人的所有信息。下面是一些创建、培养和维护数字形象的最好做法。

Twitter/ 微博

在 Twitter/ 微博上保持活跃。你没有理由不做这件事。世界上大多数开拓者和思想领袖都有此类社交平台的账号，并保持活跃的状态。Twitter / 微博是一个很好的论坛，你可以在上面表达观点、分享有趣的文章和新闻来源，或者展示产品，你也可以通过它与别人产生互动。实际上，很多知名的业务拓展专员都在使用 Twitter/ 微博来了解在行业内的其他知名人士正在讨论什么。

然而，作为业务拓展专员，确保你在 Twitter / 微博上的行为是专业的是非常必要的。最简单的一个方法就是寻找和关注那些用户名能体现他们姓名的人。我们建议你使用"@ 姓名"或者"@ 姓名中的大写字母"格式的用户名，以便粉丝知道他们关注的是谁。

确保你的资料页面有简短合适的介绍也是很重要的。目前 Twitter 和微博都对发文内容有字数限制，所以简介内容应该是全面、简洁并与你高度相关的。除非你是希拉里·克林顿，否则即使你很聪慧，也不一定会有人知道你。在很多情形下，Twitter / 微博上简练和恰当的简介大有益处，它通过让人们撰写生平介绍或者自我介绍，为大家提供了简短而又快捷地了解一个人的核心本质的方式。Twitter/ 微博是基于兴趣的人际网，因此人们也能更容易地找到并关注其他有趣或者与自己相关的人。

维护 Twitter / 微博形象最关键的因素是与时俱进和保持活跃度。没有人喜欢把鸡蛋当头像、又没有简介的用户。

Twitter/微博上的信息很快就会过时，因此确保至少每天在 Twitter/微博上发一条信息。Twitter/微博是参与对话最好的平台，你甚至可以通过它与完全陌生的人说话。在 Twitter/微博上越活跃，就意味着你越容易被他人发现或者值得他人关注，这甚至能为你线下的职业关系奠定基础。

创建和维护网站

不管最终结果如何，为了保护自己和子孙后代，拥有一些域名是很重要的。很多人甚至围绕他们的身份创建了一个品牌。如果其他人控制了和你相关的域名，并且创建了不合适或者诽谤性内容，你将很难控制损失。如果有必要，宁可让你的名字与任何事情无关，也不要与消极的内容相关。请务必购买或者创建以下网站：

全名.com；

替代性全名.com；

你的全名.tumblr.com（这个可以从 tumblr.com 网站获得）；

你的全名.任何博客.com。

像 GoDaddy 和 Namecheap[①] 这样的域名管理器可以销售或者代理域名。通常情况下，与只有一年的前期投入相比，在这些网站进行两年到五年的长期销售交易更为划算。如果上述网址无法使用，那就考虑替代性的域名，如 .co 和 .me 等。

博客

主张一个观点或者维护数字形象最开放的机制就是创建并维护一个博客。博客的使用很普遍，而且很难让一个人脱颖而出，但是维护博客可以促使你培养自己的线上身份，界定你的兴趣，并且在这些话题上与时俱进。

博客应该具有目的和主题。如果没有人监管博客，那么它包含不太相关的事情就很正常，但是为了让博客与品牌保持相关性，以及维持稳定的用户基础，就有必要始终围绕一个主题来创作博客内容。

---

① GoDaddy 和 Namecheap 都是域名注册和网站托管商。——译者注

决定更新博客的频率是让人望而却步的第一个任务，但是一旦你设定了一个节奏，用户就会期待你按照计划更新（不管你是每天更新一次、两周一次、每月一次或者其他的间隔）。不要让用户失望，拥有博客的目的就是培养一批感兴趣的追随者。正如之前提到的，博客的评论是有价值的财产，读者可以参与谈论甚至与作者建立关系。这意味着在博客上发表的帖子必须措辞准确、逻辑合理，而且在一定程度上与品牌相关。

第 2 章

建立合作关系

对想要合作的公司进行全方位了解

在这一部分，我们将通过准备推介活动以及为公司挑选最好的合作伙伴，来关注如何掌控合作关系以及与其他公司协调的过程。要做到这些，最好的方法是从了解其他公司的来龙去脉开始：那家公司的商业模式是什么样的？对它的业务来说什么是重要的？它的关注点是什么？在你考虑与一家公司合作之前，这些问题和许多其他问题的答案都至关重要。

需要了解其他公司的什么信息

在了解另一家公司的情况时，信息自然是多多益善的，但是为了以最快的速度、最少的资源获得这些信息，所有的业务拓展专员都应该深入了解一家公司重要的几个方面，以便评估与潜在合作伙伴的合作是否可行。

首先，了解一家公司的背景和历史很重要。值得关注的信息包括公司的成立日期（它的大概司龄）、融资情况以及重要员工构成。其他细节包括团队大小、办公地点以及员工明细，尤其是在那里工作的工程师数量和非技术类员工数量。找到这类信息的最好地方是网站。像 CrunchBase 网站和 TechCrunch 网站的数据库中就有所有行业的创业公司的信息，还有 AngelList 网站以及一般的搜索引擎。另外，你可以阅读主要媒体的文章，例如《纽约时报》（*New York Times*）的交易版、科技博客 VentureBeat、《快公司》杂志以及互联网新闻博客 Mashable。

其次，你需要了解这家公司对自己的看法，它是如何讲述自己的故事以及如何推介自己的。尽管在大众看来，这家公司可能专注某一个特定领域或者人群，但你要重点了解的是任何可能对公司的身份非常重要的背景故事，包括公司是如何创建的。了解这家公司如何推介自己之后，还要知道媒体、新闻或者用户对公司及其产品的看法，然后比较这些与公司自己的观点是否一致。这会帮助你平衡你的博弈策略，做到知己知彼。

再次，要了解这家公司的发展轨迹，以及它看重什么领域的发展机会。我们很容易认为所有的公司都想要扩大它们的用户数量，但是用户增长可能不是其最终目的。如果你能了解该公司的发展动力，或者这家公司想要如何发展，那你就会明白什么样的合作关系对它更有吸引力。想要找到这些数据，那你可能需要查阅类似 CrunchBase 这样的网站或者该公司博客的文章，这些文章详述了它们公开的用户数量信息（有时也不包括这样的信息，所以你可能不得不亲自询问公司的大概数据）。除此之外，公司的发展轨迹可以显示出一些别的信息，例如，它从何处获得用户、哪种类型的用户常常使用它的产品等。

了解这家公司的发展情况也为你提供了一条有趣的途径来了解它的商业模式。思考这家公司如何实现产品变现或者打算如何盈利、盈利期有多长，以及收益达到了一个怎样的数量级。PrivCo 是一款收费服务，可以显示私人公司的财务信息。如果这家公司尚未实现变现，那就试着思考它在种子阶段和几轮融资过程中把筹集到的资金用在了什么地方。它是否有长期的运营率，还是依靠筹集资金来运营？

除了了解公司的实际结构，还要成为其产品的用户，了解平台的详细情况。通过使用产品，你会意识到该公司的优势和劣势，甚至会对该公司的规划有独到的见解。

最后，阅读你能找到的关于这家公司的所有内容。有时候，如果这家公司相对较小，网上关于它的简介就会有限。如果能全方位了解这家公司，那你将会在推介的过程中有理有据地阐述你们双方可以进行合作的原因。

合作关系的四条黄金准则

合作关系的细微差别基本取决于涉及合作的双方、公司的发展阶段，以及达成交易的原因。然而，在寻求合作方时，不管每个合作的具体细节如何，以下四条黄金准则都能被广泛应用。根据涉及的公司类型，这四项准则可以采用不同的应用方式，但都有助于使交易双方整体上实现双赢。

强调收益或者利润的合作关系

准则一：如果你能帮它们赚钱，那对方就愿意与你合作

钱、钱、钱——赚钱是每家企业的核心。因此，盈利是许多合作关系的重要衡量标准。最普遍的合作关系类型是为交易一方或双方提供潜在（或直接）的盈利机会，收益是达成这种合作关系的核心因素。

在大多数情况下，在合作关系中强调收益或利润的公司所提供的产品或者功能，可以帮助另一家公司赚钱。这可以是任何一种组合，比如，订购儿童玩具的服务与妈妈们的博客之间的合作（并且与随之而来的新渠道分享收益）；服装品牌与流行的电视节目合作来获得更高的知名度（还有因此带来的更多销量或收益）。实际上，几乎每一种合作关系都无一例外地在某个节点转化成了收益或者利润。这是这种合作关系的基础。

美国运通公司的一个团队专门与创业公司合作，变现是这些合作关系背后的推动力。最好的例证就是运通公司与Clickable的合作。Clickable是一家线上广告方案公司，通过美国运通公司的门户网站向使用其服务的中小型企业提供搜索功能。美国运通公司原业务拓展主管克里斯塔尔·伯格菲尔德告诉我们，美国运通公司开始与Clickable合作是因为它正在寻找衰退期的替代性收入来源。这个合作关系能让公司的产品多样化，同时进入软件流通行业。这项交易不仅利润丰厚，还最终改善了美国运通公司的所有产品。

当产生收益的合作关系出现时，公司出于什么样的发展阶段会影响你付诸行动的速度。如果你是一家专注于集中力量开发并生产出产品的小公司，那么一个会带来大量收益、看上去很好的交易可能就不太适合你。这句话的意思是，如果你专心致志地开发你的公司应该开发的产品，那么在你一切都准备好的时候，自然会出现产生收益的合作关系。

大中型公司也是如此，每家公司都有不同的优先项。虽然产生收益的合作关系非常重要，但是收益大小、交易规模以及不合作的机会成本都会随着交易的不同而变化。例如，如果预计这次交易会产生大量收益，但接下来不仅需要你的团队全身心地投入，还需要建立能够产生替代性收益来源的产品，那么这次交易可能就不会太有吸引力。

如果交易的收益较少，但同时需要的人手也不多，那你可能会从两方面认真考虑如何实现交易——公司内部需要做什么？实现合作关系需要什么？达成收益型合作关系的成本/效益分析，与任何一家公司的交易评估很相似。

提议建立收益型合作关系的公司，都会尽最大努力让合作值得对方公司付出时间和精力。这意味着要确保合作方有可能赚到足够的钱来证明彼此之间建立的合作关系是合理的。这不仅仅是赚到足够的钱，而且成功的合作关系所带来的收益要远远超过原来的预期才行。交易的方式也可以是让一方（通常是被推介的一方）首先赚到更多的钱。这样，未来的合作方才有动力去达成交易。一旦证明合作关系是成功的，那就会恢复到利润平分的方式了。

最后实现的交易是那些能够证明自己价值的交易。公司通常会设置一个最低的收益值，但如果你能证明这个利润丰厚的联盟可以实现，那么你就应该向任何公司证明这个交易是可行的。更重要的是，在达成交易之前首先证明你的价值。证明你的价值的最好方式就是向未来的合作方展示你的价值定位，并让对方公司知道你已和其他公司成功地实施了你的提案，而不仅仅是告诉对方你的提案可行。换句话说，展示比讲述更管用。至于为合作方创造收益这一点，你需要让对方公司明白，你为其他公司创造了哪些收益。这会让对方直接看到合作效果。

机会的大小将决定着公司对合作关系的反应。正如前面所提到的，很多公司会设定一个最低收益值，如果投资值得付出时间和精力，那必须保证合作能达到这个最低值。例如，亚历克斯在Aviary工作期间，他希望与一位知名漫画书出版商合作。这个漫画书出版商对跨公司合作很感兴趣，但必须保证其每年至少有25万美元的收益，他才会考虑合作机会。有些公司设有明确的最低值，还有的公司会选择它们认为值得付出时间和会获取最佳预期收益的合作机会。

降低成本的合作关系

准则二：如果你能帮它们省钱，对方会愿意与你合作

所有的公司，即使是发展成熟的公司，都喜欢省钱。当大公司评估它们的整体策略和企业的未来时，它们必须衡量是要自己从头开始开展业务、招募人才或设计产品，还是与其他公司合作。正如经典的业务案例所显示的，如果公司认为无论从财务上还是战略上来看，自己都不适合开发新产品和增长收益的话，那它就会寻求外部方法来解决问题。这些交易常常作为发展业务时节省成本的措施。

例如，朱莉·沃恩·吕夫（Julie Vaughn Ruef）是 MessageMe 的业务拓展部门领导。她曾经做过一个项目，是一家媒体公司与无线运营商的合作。无线运营商想改进内置门户网站，而这家媒体公司也想为其提供服务。如果无线运营商不招聘内部团队来开发外围软件，而是利用这家专业的媒体公司来帮它们达成目的，它们就会节省资金。作为回报，媒体公司也会得到曝光率和宣传。

如果从零展开某项业务对公司财务影响不大，那大公司就会寻求收购该领域内最好的公司。如果这些选择都不可行，为了节省时间和对研发部门的投资，公司就会寻求合作关系。降低成本是这类合作关系得以实现的首要原因。

公司对想要减少或消除的花销类型没有限制。节省成本可以体现在任何需要花钱的地方，从支付流程到保健，再到薪酬。这些合作关系有助于降低最高收入和最低收入之间的差距。

尽管这不是很鲜明，但为了让自己的团队专注于核心产品，Facebook 也是成本节约型合作关系最有力的案例之一。Facebook 与像社交游戏公司 Zynga、声破天和 Skype 网络电话这样的公司具有深层的融合关系。这些已经投入时间和精力生产产品的开发者或者公司，可以利用 Facebook 的平台为用户提供它们的服务，从而节省了 Facebook 开发 App 的成本。毕竟 Facebook 的任务不是创造游戏和工具，相反，它专注于让人们能够尽情分享和保持联系。也就是说，这些合作关系要使用户体验最大化。当然，Facebook 也可以自己创建这些功能。但与其他公司的合作无疑是两全其美的选择。

增加用户量的合作关系

准则三：如果你能帮它们增加用户量，对方会愿意与你合作

战略性合作关系的另一种动机是可以利用现有公司的用户量和接触消费者的机会。就像第一种合作关系一样，公司应该能够证明联盟对双方都有利，会促进每一方的发展。例如，一方增加了用户量，而另一方增长了收益。

用户基础合作关系有两种：一种是公司寻找其他拥有相似用户基础的公司（如果它们想增加更多同一类型的用户）；另一种则是公司寻找其他公司拥有它们想要

吸引的不同或者特定类型的用户。在任何一种合作关系中，最好的吸引用户基础的方式是交换用户的电子邮箱，让一家公司直接对接另一家公司的用户。一家公司允许另一家公司代表它们联系其用户，并推广合作公司。有时候，交换意味着双方都能从对方的联系方式清单中获益，但有时候，它却只是一项单向的交易。

为了加强合作，公司通常会围绕一个推广活动或者交易建立灵活的合作关系。在某些情况下，这种合作或许只是在于合作方共同举办的特定推广活动中以打折码的形式呈现。Twitter 上的推广消息就是很好的例子，你只能在这条推文中找到打折码。公司需要弄清用户的终身价值是什么，为了获得最合算的合作成果，它们要确保吸引每个用户的成本低于用户的终身价值。

亚马逊与团购网站 LivingSocial、优步公司与 Savored 网站的合作就是证明增加用户量合作关系的两个最好例子。

2011 年，亚马逊和 LivingSocial 以网站交易的方式展开了合作。LivingSocial 的买家能够用 10 美元购买一张价值 20 美元的亚马逊礼品卡，也就是说亚马逊实际上是在把本来可以挣到的钱赠送出去。在合作的高峰期，LivingSocial 报告称，每分钟会有 2000 份优惠券售出，也就是几乎每秒钟 33 份。原本这个极度成功的合作关系仅仅是亚马逊对 LivingSocial 的 1.75 亿美元投资的后续，但最后双方的用户都从中获益了。这不仅使参与这次合作的每一方都获得了收益，还动员了 LivingSocial 规模较小的用户群，从而推动 LivingSocial 发展成了紧随高朋（Groupon）团购网站之后稳居第二名的交易平台。此外，LivingSocial 还把原本不属于亚马逊的客户引流到了亚马逊。尽管这个推广活动在当时被认为是成功的，但在 2012 年底，亚马逊勾销了 LivingSocial 的债务，发现损失 1.69 亿美元。这明显说明亚马逊认为它为 LivingSocial 支付的金额太多了。

优步公司是一个用按键联结你和司机的应用。Savored 是美国最受欢迎的饭店交易会员制服务（2012 年被高朋收购了）。两家公司大约在 2011 年开始合作。据 Savored 的 CEO 本·麦基恩（Ben McKean）说，与优步公司的合作是增加用户量的交叉推广活动。"我们的想法是把优步公司介绍给我们的用户，反之亦然。"麦凯恩说。注册用户有机会获得 Savored 提供的价值 100 美元的晚餐，而优步公司则负责全程接送。这个非常简单的合作关系被证明是非常有价值的，Savored 和优步公司接触到了很多高端用户群，并且利用品牌知名度增加了各自的客户数量。

改进产品的合作关系

准则四：如果你能帮它们改进产品，对方会愿意与你合作

合作关系的最后一条黄金准则是，公司想要达成能够改进现有产品的交易。而在另一家公司提出产品解决方案后，如果潜在合作商愿意融合这个方案，而不是自己单独制定一个类似的方案的话，那么双方就会形成这种合作关系。产品可能会提升用户体验、企业效率，以及两家公司之间的关系。

有一个代表这种合作关系的好例子。2012 年，Constant Contact[①] 收购了纽约的一家公司 SinglePlatform，帮助当地企业扩大了知名度，还为出版商提供了把当地店面引流到线上的升级体验。SinglePlatform 提供最全的实时目录，目录中的产品和服务直接来源于当地企业。它的合作伙伴包括 YP.com[②]、Foursquare、《纽约时报》和 Metromix 网。曾担任 SinglePlatform 业务拓展部门执行副总裁的肯尼·赫尔曼（Kenny Herman）指出，该公司成功的标志是业务量显著地提高了。"例如，YP.com 的第一类搜索量增长率超过了 300%，地图/方向请求增长率是 200%，电话量增长率超过了 200%。"

其实，在大量案例中，建立战略性合作关系不会只利用一条黄金准则。其中一个最佳实践就是成为创业公司和主流媒体头条新闻的 Foursquare 与美国运通公司的交易。

特里斯坦·沃克（Tristan Walker）代表 Foursquare 牵头提议，他认为合作关系实际上涉及上述所有四条黄金准则：增加用户基础，为用户省钱，优化产品，并且使双方财务都获利。沃克说："当我们想要合作时，我们会把自己当成公司产品的用户，而不是公司的员工。如果我们喜欢自己的产品，用户体验良好，那么我们相信

---

① Constant Contact 是网络营销公司。——译者注
② 美国电话电报公司的本地搜索应用，拥有超过 3000 万的用户。——译者注

交易一定会成功。"

这四条准则是合作关系的基本准则。它们并不会指导你如何建立合作关系，而只会说明公司如何与另一家公司合作。如果你想要达成的合作关系与其中任何一条准则都不相符，那么可能它并不是最合适的合作关系。实际的交易可能会因友谊、需求、责任或其他原因而开始，但是小心那些不能用这四条准则衡量的交易。不要在不好的交易上浪费时间！

三种合作形式

合作关系的形成基本上是因一家公司想要从另一家公司那里获得某样东西，而这家公司自己不能或者不会创建或者实现这样东西。合作关系通常至少要涉及两方，但偶尔会有更多的合作商参与进来。牵头提议合作的这家公司通常是认为自己会从合作关系中获得更多利益的那一方。一般情况下，负责牵头这项合作关系的公司有很多想要合作的公司，并且正在寻找实现一系列目标的合作关系。如果牵头公司想要合作的公司不能与它们合作或者不能实现这些目标，那它们可以选择自己设计解决方案或者从不同的角度去制定解决方案。

我们在前面列出了形成战略联盟或者合作关系的主要原因。虽然每一种合作关系的呈现方式不同，但几乎每一次合作都能归纳为三种主要的合作形式。

1. 产品合作（整合合作）：公司把另一家公司的技术整合到自己的产品中的合作形式。
2. 品牌合作（联合品牌合作）：公司借势另一家公司的品牌或者两家公司借势彼此的品牌。
3. 分销合作（关系网合作）：公司使用另一家公司的分销系统来夯实自己的用户基础。

产品合作

产品合作形式有时称作整合合作形式，两家公司合作是为了增强各自的产品。产品合作的基础是一家公司开发一款待售品或一项功能，而另一家公司（或者其他几家公司）通过使用其产品从中获益。该待售品通常会包含其他公司所需的产品或功能，但是它们自己无法生产或者开发——要么是生产成本太高，要么是该公司没有合适的技术去开发该产品。大多数公司的策略都是要做就做好的。因此如果其他公司的产品能够填补这一空白，同时它们能允许这家公司专注于其核心产品，那么合作就能达成。和大公司建立产品合作关系的关键是提供一流的待售品。

有一些很好的例子可以证明产品合作形式，其中之一便是美国沃尔格林公司（Walgreens），你可能会被它种类繁多的产品合作震惊到。沃尔格林公司是一家药品、食品零售连锁企业，是美国 50 强公司之一，但你可能不知道它还拥有一家价值 10 亿美元的影印公司。2012 年，沃尔格林公司发布了一个打印应用程序接口，与图片相关的应用程序能够打印直接送到附近实体店的图片。这不仅是一种相当有创意的、能让人们走进商店的方法，还是沃尔格林公司权衡市场最有价值的指标之一。接着在 2013 年，沃尔格林公司发布了一个药店处方再次配药的应用程序接口（也叫处方应用程序接口），使第三方手机应用开发者可以整合连锁药店处方再次配药的技术。这说明大公司也能开展新颖的产品合作。

品牌合作

第二种合作形式是品牌合作，或者称作联合品牌合作。这些类型的合作会在两家公司想要利用彼此品牌的影响力时达成。这常常能为一方或双方公司带来更高的关注度，并且能够帮助公司树立形象或提高知名度。品牌合作关系可能需要科技支持或者涉及主要的产品变革，但是合作双方常常仅需要利用彼此互补的用户基础和关键能力。通常，合作关系可以由市场营销和沟通团队来落实。你需要注意的是品牌合作是否对你的品牌有益，尤其是在实现交易的时间和收获的潜在益处方面。

Foursquare 是品牌合作关系的翘楚。2010 年 1 月，Foursquare 是科技领域最热门的创业公司之一。它最初的合作伙伴之一是美国精彩电视台（Bravo）。该合作关系旨在与电视观众进行线下互动。观众参观了精彩电视台播出的 500 多处场地其中的一个后，就可以获得 Foursquare 玩家"勋章"和特别奖品。活动场地由精彩电视台挑选，与《真实主妇》（*The Real Housewives*）、《为百万富翁做媒》（*The Millionaire Matchmaker*）以及《顶级大厨》（*Top Chef*）这样的节目中的场景相呼应。在合作过程中，Foursquare 获得了播放时间，在精彩电视台收视率最高的一些节目中，它的商标出现在了屏幕上。

这是使双方受益的品牌合作关系的绝佳例证。实际上，第三方销售商也很开心。精彩电视台既能在数字平台上推广其创新者的形象，也能通过社交媒体与观众进行互动；Foursquare获得了大量的宣传、黄金播出时间和品牌知名度。从另一方面来说，Foursquare获得了精彩电视台的"用户基础"，而精彩电视台也能吸引观众，获得观众行踪的数据，这是对广告商非常有价值的信息。

品牌合作关系的另一个例子是优步公司和美国职业橄榄球大联盟（NFL）的合作。2013年9月，优步公司和美国职业橄榄球大联盟合作为往返赛场的专业橄榄球运动员推行安全路程活动。美国职业橄榄球大联盟的球员以往常收到醉酒驾驶罚单，但他们又需要安全到家。优步公司宣传自己是"安全"的代步之选，而美国职业橄榄球大联盟需要推广到达赛场的简单方式。这样的合作关系让美国职业橄榄球大联盟与新兴科技公司合作，同时为其创造了积极的公关报道。

众所周知，美国职业橄榄球大联盟对其品牌和合作关系的选择非常谨慎。不管进行何种交易，它只对与行业内翘楚的合作感兴趣，也意味着对它来说，合作质量高于数量。因此，如果美国职业橄榄球大联盟与某家公司达成了交易，那就说明这家公司真的不错。优步公司的确取得了重大胜利。实际上，双方都从品牌合作关系中获益匪浅。优步公司非常幸运地与一个非常受欢迎的知名组织达成了合作，并且与美国最受欢迎的体育运动产生了联系。美国职业橄榄球大联盟也成功地向粉丝树立了积极推广关于安全的正确价值观的形象。

分销合作

最后一种合作形式是分销合作，也称为关系网合作。在这种合作形式中，一家公司利用另一家公司的分销关系网来扩大自己的用户基础。一些分销合作关系帮助具有深层价值定位的小公司找到获得新用户的分销渠道。在大多数分销合作关系中，提供分销渠道的公司将从合作关系中获利，它把自己的分销机制或者用户数量作为卖点与其他公司合作，以换取经济上的补偿。其他时候，你会看到两家大公司的合作，每家公司都为对方提供分销服务。如果两家公司各自的用户都能从这种合作关系中获利，那这种合作就能达成。通常一家公司擅长一种业务，另一家公司擅长另一种业务，所以两家都能从合作中获得"分销"的益处。

分销合作关系的第一个例子是 Foursquare 和星巴克的合作。Foursquare 是一家聚集了各种商家服务的移动支付公司。2012 年 11 月，Foursquare 宣布和星巴克联手，开始处理星巴克在美国的门店的所有信用卡和借记卡交易。合作期间，星巴克也为 Foursquare 投资了 2500 万美元。

在与星巴克合作之前，Foursquare 基本上一直在与中小型企业合作。星巴克是它合作的第一家大型企业，这个消息发布得非常突然。据推测，与之前付给信用卡处理公司的费用相比，星巴克付给 Foursquare 的支付处理费更低。不过，作为回报，Foursquare 获得了品牌合作的好处以及大量的交易。

分销合作关系的另一个例子是苹果公司和雅虎公司的合作。自从首款苹果手机发布之后，雅虎公司和苹果公司就在某些应用程序方面开展了深度合作，包括天气应用软件。每个苹果手机的天气应用软件都是由雅虎公司提供技术支持的。这样，苹果公司为用户提供了非常好的产品，而雅虎公司则获得了大量销路。

苹果公司对预装应用程序的分销合作伙伴非常挑剔，虽然苹果公司和雅虎公司的合作很成功，但是它与谷歌公司进行分销合作时并没有复制这种模式。众所周知，谷歌公司是第一代苹果手机的大型合作伙伴之一，它提供的预装应用程序（如谷歌地图），为 iOS 操作系统的产品中的大多数地理定位服务提供了技术支持。值得注意的是，在苹果公司发布第六代 iOS 操作系统时，谷歌地图并没有出现，而是被苹果公司的专利版本所取代了，名为苹果地图。这个新软件因为质量和稳定性差饱受诟病，苹果公司不得不自食恶果。这证明分销合作关系确实对双方都有好处。

合作关系背后的真相

成功的合作关系不容易达成，它的实现需要花费时间、进行充分准备和采取有效策略技巧。通常在合作过程中，会有两种情况发生。一种是合作公司需要你正在销售的服务或产品（如电子邮件传递服务），而你提供的正是公司在评估的选择之一。合作关系是否能建立，不仅取决于你的公司与该领域的同类公司比较之后的结果，还要看公司选择关注的产品和用户。例如，如果你能提供某一种支付服务，而该公司正在寻找一家能够在其网站上提供易于支付服务的公司，并且需要极好的消费者支持和移动体验，那么这家公司就会选择最符合这些需求的支付方法。

另一种是你想合作的那家公司对你提供的服务并不是很有兴趣。这并不是说你的服务不好或者不够独特，而是因为那家公司并没有意愿去寻找解决方案（或者任何方案）。这样的销售显然更有难度，因为你需要让合作从"零需求到全需求"。你会与那家公司的其他优先项目竞争，那是其追求的目标。尽管这些生意更有难度，却经常发生，但是不要气馁！你只需要指出公司存在的问题，然后帮助它解决这个问题即可。

在合作公司中找到合适的人选

理论上，合作关系是建立在任何两家公司、两种产品或是两家公司的用户群体之间。但合作伙伴之间的合作关系实际上归结为两家公司决策者之间的关系。在形成这种合作关系的过程中，代表双方利益的两个人能够团结在一起、精诚合作是极为关键的。

这就意味着当你与其他公司打交道时，从这些公司中找到合适的人将对你们的初次对话有所帮助，从而提高达成交易的可能性。比如我们在第 1 章中提到的，其他公司里能够完成交易的业务拓展专员可以有多种组合。并且，另一些专业人士与交易过程有着或多或少的联系，所以，辨识出那个"正确的人"比你预期的挑战性还要大。

合作中最大的问题之一是你无法站到那个正确的人面前。在你寻求合作的公司中，最理想的合作者应该是混合了两种能力的人，即既了解你产品、又是合作关系或整合过程中不可或缺的人。但这些关系也取决于你在你的公司中所承担的工作。如果你是一个技术人员，你更有可能会去寻找从事技术工作的人；如果你在业务拓展和企业合作部门工作，你将会尝试与交易对手联系。当涉及与你职务相近的人时，你首先需要仔细思考的是如何去探寻对方的工作步骤以及思考的过程。我们感兴趣的是规划出的整合过程会是怎样的,需要谁来实现这样的整合呢?

三类合作形式所需的合适人选

第一种合作形式是产品合作伙伴或一体化合作。此时,你可以先联系业务拓展部门或合作关系负责人,但有时绕过他直接联系首席工程师或产品部门负责人兜售你的愿景和整合理念更好。我们经历了种种困难才明白,当你试着与另一家公司建立产品合作关系时,有时最好的办法是避开业务拓展专员(因为他们通常会拖延销售进度)。

第二种合作形式是品牌合作,这通常是在两个业务员之间达成,但偶尔也会由从事营销或品牌运营的人员达成。考虑到交易的品牌影响和营销,以及在双方之间顺畅沟通正确信息的需要,出现这种情况就很容易理解了。在某些时候,你还会想要顺道去拜访和联系产品部、营销部和品牌部的人,因为他们都是关键决策者。

第三种合作形式是分销合作,这种合作同样可以通过两个业务拓展专员或从事合作关系维护的专业人士来建立。在行动之前,除了联系自家公司的技术人员,你还有可能最需要与对方的技术人员取得联系。除此之外,业务拓展专员应该充分了解用户类型和分销合作所需要拓展的渠道。

符合合作四条黄金准则的合适人选

寻找合适的人选时需要考虑在前面讨论过的四条黄金准则。所有交易在初期都需要与业务人员进行接触,但其他决策者也会参与其中。如果合作是最有效率的,业务员的工作便是确定哪些人可以参与到交易过程中来(或者说签约)。让我们逐一看下在四种不同的情况下,符合合作关系的合适人选都是怎样的。

涉及盈利

当某个交易可以为合作公司带来利润时,寻找合适人选的任务往往就由业务人员来完成。他可能来自管理团队(比如首席执行官、首席运营官、首席财务官或创始人)或者是交易执行者(产品主管、工程主管、营销主管或类似的人)。这取决于该交易是否涉及技术或产品层面。但不论发生何种情况,由于变现非常重要,公司的收入和财务部门通常也会参与其中。

例如，无论是利益分成项目、销售合作项目，还是在与其他公司合作方面，任职于 Foursquare 的销售和运营部门的负责人埃里克·弗里德曼都具有极为丰富的经验。当一项交易涉及盈利时，像他这样精通企业收益运营的合作关系专家绝对是必不可少的。

涉及成本节省

与能让企业盈利的合作一样，能让企业节省成本的合作大多数需要先与业务人员接洽。他们将会让业务主管、运营主管或财务主管迅速参与到交易中来，以决定这些节省是有价值的还是无关紧要的。一旦管理层决定继续合作，根据交易的性质，你也许还需要产品和技术团队参与进来。而前面的例子中提到的同类型专家最后可能会主导这类合作。

涉及用户群增加

如果合作关系能帮助企业增加用户群，那么交易则始于业务团队。与其他准则一样，谁将参与其中取决于哪种交易能够增加用户群。如果合作是基本的电子邮件交换，那么你很可能需要营销和传播团队的参与；如果合作是为了整合产品以增加企业的用户群，那么你可能需要得到产品或工程部门的支持。从事财务管理的人几乎不参与关注用户增长的交易，除非财务的增长与用户数量的增长有着紧密而直接的联系，但这种情况并不常见。

涉及产品改进

通常情况下，业务人员可以发起为企业节省成本的合作，但只有产品团队才能发现合作企业的哪些产品和特性能够为己所用，以改进自家产品。当业务拓展部门和合作团队接手交易时，最重要的事情就是引入产品团队，以避免浪费时间。如果产品团队不喜欢这个交易，那么合作也会被搁置。如果产品团队乐于合作，工程部门和营销部门最终也会加入进来，因为这个交易也会涉及它们的业务范畴。

例如，在群组信息平台 GroupMe 的商业拓展和运营部门工作的塔努·帕里克。在其任职期间，他发明了一系列网络整合模型。"它使我们能够专注于产品的推介。我们在一些软件中（如 PowerPoint 和 Photoshop）应用了像素保真模型，以便观察

GroupMe 在某些应用中运行时的实时动态。这非常直观地展示了工作流是如何运行的。同时，重视用户的经验对说服开发者使用我们的应用程序接口有很大的帮助，尤其在交易刚开始的阶段。在合作关系交易过程中，使网络线框图和模型成为销售的一部分，将会令你成为一位更具杀伤力的业务专员。"

此外，合作关系能够改进产品，而产品团队也能够促成合作关系的改进。

Vidyo 公司的产品管理部门的负责人伊泰·拉姆（Itai Ram）认为："在一项成功的交易或是合作关系中，产品团队在评估技术发展的意义和可行性方面具有重要作用。对业务拓展专员来说，在进行交易条款谈判时，熟悉产品交付时间是至关重要的。"

找错了人

与错误的对象洽谈交易绝对会迅速搞砸整件事。非决策者通常会帮你找到手握决定权的正确人选，但有时尽管这些人并不是决策者，他们也会声称自己就是你要找的人。这是一种很棘手的情况。虽然识别出决策者非常困难，但你可以委婉地提问，比如："你们公司谁负责决定关于 X 的事呢？"

有时，业务拓展专员认为，与一家公司建立联系的最好方式，是试着接触愿意倾听合作想法的人。但如果这个人并不能做决定，那当你最终想要达成交易的时候，结果往往会是灾难性的。在这种情况下，这个人可能会不停地拒绝你，因为拒绝你不会给他带来任何麻烦——赞成你反而可能会给其带来麻烦。以我们的经验看，一旦你希望与该公司签订合同，你就应该询问他是否是决策者，或者谁是决策者，以此保证信息的透明，并把你最全面的推介信息留给真正的决策者。对于初次接触的人，你最需要做的就是激发他的兴趣，并确保他愿意把你引荐给决策者。

在合作公司找到拥护者与找到合适的人选类似，但两者又有细微的区别。如果你最大的粉丝恰好就是决策者，那就再幸运不过了。在这种情况下，交易将会进展得很快，并且交易过程也会变得有效、高效和精简。但有时，"错"的那个人却是你最忠实的拥护者。这种情况也不差，他的任务就是促成"对"的那个人能够支持你，并且喜欢你提供的产品。所以，当一个欢迎你的人并非决策者时，也不要急躁。你仅仅需要向他提出与恰当的人员或决策者见面的要求，并继续利用你们之间的密切关系促成此事。

如果其他方式都不行

不考虑合作关系的类型，产品和工程团队的融合对促成与实现合作关系是至关重要的。如果你提供的产品足够优秀，可以直接帮助到潜在的合作伙伴，那么即使从零开始，你也可以通过这些人更快地完成整合。归根结底，涉及产品整合时，由产品和工程团队向商务人士献计献策要比其他渠道更好。

考虑到对产品实质的了解，产品和工程团队通常非常了解自身产品的缺陷和公司在合作中的需求到底是什么。如果你与产品的生产团队保持直线联系并征求它们的反馈，那你将会收获非常有用的合作理念，而一个业务专员很可能不会预先考虑到这些。

合作伙伴的反馈

所有的战略合作关系背后都有着潜在的动机。有的合作关系因利益共赢而缔结，有的则是为了增加用户基础。不过，所有跨公司合作都需要有意识地收集产品反馈。

正如人们所说的，反馈是一种礼物。消费者使用或舍弃某些功能就是一种含蓄地向企业提供反馈的方式。不管是用 A/B 测试还是聚焦小组的方式，从合作伙伴或潜在的合作伙伴那里得到反馈是极为重要的。业务拓展专员的工作正是联合开发人员和合作伙伴的技术人员，共同征求和收集这种反馈，并将它们结合到产品的研发中去。

在业务拓展和合作关系中，你将得到一些重复的反馈信息。在与潜在合作伙伴的讨论中，最常听到的一句话就是："只要你的产品能做到……的水平，我们就有兴趣与你们进行整合和合作。"这种类型的反馈足以让一家年轻的公司感到迷茫，导致进行核心产品开发的团队失去重心。来自合作伙伴的反馈越多，工程团队得到的指导就越多，公司也就越有可能面临破产。对一家新成立的公司来说，最危险的行为莫过于在不成熟的运营条件下提供产品定制服务。

伊莱·波特诺（Eli Portnoy）是 Thinknear① 公司的创始人，以及亚马逊数字视频前高级产品经理。他在结合自身的业务开发经验，谈及合作伙伴反馈的重要性时说道：

> 在 Thinknear 创办初期，我曾与业界的很多大公司接洽，它们都了解我们的业务，并愿意就潜在的渠道合作关系进行讨论（我们将提供贴牌服务，而它们负责销售）。我们多次向这些公司的各级管理层推介我们的服务，但却感觉这种方式并不合适。
>
> 在进行了四五次会议之后，我与一个私交不错的人闲聊，问他为何数次会议之后我们还是不能达成协议。他回答说，每个参会的人都觉得我们的模型令人着迷，都想尽快达成交易，可当他们讨论起执行协议的细节时，却开始担心我们的产品是否过于复杂而难以出售。也就是说，我试图尽全力向对方推介产品所有炫酷的功能和选择，而他们却只需要一个更简易的、便于售卖的功能。
>
> 了解到这一点后，在接下来的双方会谈中，我改变了以往的策略。我简化了推介内容，只集中在最核心的产品功能上，于是，我们很快就达成了合作协议。最后，我们与这家公司进行了大规模的合作，而我也从中学到了宝贵的经验——推介必须要简洁明了。

在此，我们将说明为何你需要花费大量时间和精力，打造潜在的合作伙伴希望看到的产品特质的理由。这些理由适用于大多数情况，并且如果你的公司将合作视为生命线，这些原因还可以被运用得更为广泛。

许多公司的诉求都一样

在制造产品或进行重大的产品改进之前征求各方的意见，是开发一款成功产品的关键。尽管这种方式看起来颇为直接，但它能保证你在开发某种产品前就已存在相应的市场，并且你也不用放弃已有的用户。因为产品细微的改变很容易让使用者感到迷惑，而大幅度的产品改进则会带来更大的负面效应。所以，收集使用者的反

---

① Thinknear 是一家领先的基于位置的针对性移动广告公司，拥有多年定位服务工作经验。——译者注

馈和仔细考量将要做出的改变非常重要。

如果你想与一些潜在的合作伙伴洽谈，那么开发一款合适的产品能够帮你筛选出少量可以尝试启动合作的对象。

大公司提出要求（而你有合同）

发生这样的事时，事情往往会变得棘手。你非常希望与对方合作，但除非你能满足它们的条件，否则就会事与愿违，而满足该合作条件将耗时一个月或两个月之久。一方面，你可能与一个大名鼎鼎的品牌合作；另一方面，你做出的改变可能减缓其他方面的进程，或者使产品的性质发生实质性的改变。

虽然与大公司合作的结果看起来像是对大众媒体的妥协，但背后的真相是，与大公司相比，小公司从产品整合的过程中获利更多。考虑到双方协议的主要好处，除非存在不可逾越的技术障碍，你一定要尝试与大企业合作。

尽管如此，在与大公司合作做出改变时，也要注意一些事项。首先，达成的条款（比如关于产品的改进等信息）应明确写到协议中。如果大企业与你签订了合同，确定一旦完成产品的某个特征的设计或调整就可以进行全面整合，那么涉及该产品的资源和时间的投入就是值得的。其次，个性化的调整可能会对小公司有利，这样的话，可以在与同类型企业合作时采用新技术，尤其在低定制化的服务中。

例如，有几个早期的潜在合作伙伴，想要从 Aviary 订制几款照片编辑产品。阿维·穆奇尼克（Avi Muchnick）对此做出了非常明智的决定，他不是为对方提供一次性的产品服务，而是设计了一个合作门槛，如果对方满足条件的话，那他才会为这家企业提供定制产品。他将这一合作门槛告知潜在的合作者。最终，该战略生效了，那些大企业接受了已有产品的设计方式，因为 Aviary 建立了行业标准。

请记住，需要衡量为一次交易花费一两个月时间来准备或创建产品是否会让公司有所损失。保持专注、创造伟大的产品和规模生产产品是至关重要的。

做交易 VS 做最好的交易

只是为了达成交易而交易和做最好的交易之间有着很大区别。如果你有一个伟大的产品、一个充满激情的团队，以及一个潜在的合作伙伴，那你就应该有与之对应的合作团队和交易条款。这些交易必须能对你的生意产生重要影响，无论是扩大你的用户群、赚钱、改进你的产品，还是别的什么。

不是所有的交易都是平等的

这似乎是显而易见的事情，但的确并非所有的交易都具有同样的价值。评估交易价值可以通过几个重要指标来衡量，例如，交易的实际货币价值、潜在收益，以及你认为重要的评估交易的指标（如用户增长、客户基础、客户规模等）。还有一些固有的方法来评估一笔交易的价值，特别是围绕着它可能产生的宣传支出（与行业的领导者有关联），以及来自合作伙伴的快速反馈可以帮助到的更多的合作伙伴。

根据交易的期望结果，每个因素都应该有其不同的权衡。合作关系的每一方都应该清楚地列出自己对想要实现的目标的期望，并且应该有一系列对期望进行基准测试的内部测量指标。如果这是一种品牌合作关系，那么与一个家喻户晓的品牌建立合作关系的价值就如同注入现金流一样强大。如果这种合作关系是为了用户的增长，那么与一个用户数量多于自身100倍的合作伙伴合作，比与一家品牌公司合作更有效。

做最好的交易就意味着要确保交易条款，不论它们具体是什么，都要有利于你的生意。这似乎是合乎逻辑的，然而在急于求成的心态下，你可能只想着做交易，而不是做最好的交易。

在交易上浪费时间

专业的业务拓展专员做的最糟糕的事情就是将时间花在那些不会为长期业务带来贡献的交易上。这并不是说早期与小公司的合作不值得你花时间。就像我们之前提到的，你需要建立一个愿意与你合作的企业名录。这样，当你需要向大公司证明你的价值时，你才有实力那样做。但只有当你的合作经验足够丰富的时候，你才能够透过交易看到未来的结果。所以，不要把时间浪费在与你需要做的事情无关的交易上。

例如，在你寻找分销合作伙伴以增加收入的过程中，你遇到了一个与知名品牌合作的机会，但与它合作的原因仅仅是它的品牌比较有名，那为了达成这次合作而付出的努力，就与你寻找分销合作伙伴的目的不一致（除非在与该品牌的合作中有一些隐含的收益）。尽管这一合作关系将有助于你增加企业的知名度，但很可能达不到你对变现战略的预期。因此，一位优秀的业务拓展专员或合作伙伴是不会在这样的交易上浪费时间的。

追求最好的交易

那么，你如何才能确定哪些交易值得你花时间呢？看看你的公司定义的那些最重要的指标或基准吧。如果你的演讲强调的是数字或价值，那就应该关注那些能增强符合指标的交易。通常，衡量指标会与用户的数量或产生的收益有关，但它也可以广泛地运用到独特的站点访问者、每月的活跃用户、事务或照片上传数量等方面的测量中。如果你即将开始的交易能提高关键指标，那么这就是正确的交易，值得你花时间去做。如果这笔交易没有大幅提升关键指标的可能，那么它可能就不值得你为之努力了。

真诚的销售

与合作伙伴之间的博弈是为了与对方达成协议。尽管我们将在本书第 3 章的交易机制中对此进行深入探讨，但理解战略结盟的第一要义就是要认识到，你必须充分信任彼此之间的合作关系，才能让合作发挥作用。真诚的销售是最真实的商业策略之一，它可以在任何情况下为你提供良好的服务，而不仅仅是那些需要谈判的伙伴。

最好的卖出东西的方法就是相信你所卖的东西能让买家受益。这种真诚根植于某些信念中。首先，你必须真诚地相信产品，这可能是在一家公司工作的先决条件。对产品的信任源于对产品及其机制和功能应用的了解。其次，你必须相信这两种产品、公司或用户群体的整合对双方都是有利的。

如果你把用户带到另一家公司，它们给你钱，那么交易双方都看到成果，才有可能继续合作。相反，如果一方没有达到在平台宣传或接洽过程中所宣称的成效，那么交易很快就会被中断或者失败。当然，这取决于合作关系的类型，但正确设定期望也是非常重要的。

例如，如果你的用户群只是其他公司的一个子集，那么分销合作可能对其中一方有利。如果你在几个月的时间里实际上只增加了几个新用户，那么在与交易的另一方交谈时，你要诚实地面对对方。这样当调查结果出来时，双方都不会感到惊讶。如果他们的期望合作能带来大量的用户，那么你可能无法在第三个月就证明你的价值。沟通是真诚销售的关键要素。

真诚的销售是"相信你所提供的"的另一种说法，如果你都不相信你的奉献，那么还有谁会相信呢？你连另一个人都不可能说服，让他相信你提供的东西真的很重要，更不用说另一家公司了。你必须相信，发自内心深处的真诚需要表达出来。更为重要的是，你需要独辟蹊径，去帮助你正在寻求合作的对象。这可能意味着通过一些和合作不相关的项目（招聘、投资者介绍、媒体等）来帮助你想要合作的对象。你需要随时准备以任何可能的方式帮助其他公司。

对于那些坚持"伪装真诚直到合作达成"的人来说，他们在推销自己的时候将会面临巨大的挑战。专业业务拓展专员可能很难假装相信一个产品，因为这些交易要么涉及两家公司的命运，要么涉及大笔资金。对方能够看穿你的虚假，就像你作为对方的听众时，也能够看出对方的虚伪一样。而且，如果你不相信你正在兜售的东西，那也许是时候去找一份新的工作，甚至是转换一个新的行业了。

业务拓展专员与真诚销售

正如第 1 章中所讨论的，真诚的销售和业务拓展有所不同。业务拓展是销售的先导，合作关系是业务拓展中很重要的一部分。当你在考虑真诚的销售时，更需要强调销售过程，而不是销售产品。因为对你的推荐对象来说，业务拓展是他最早接触的领域，相对来说也更陌生。你需要尽可能地真诚，让你的推荐对象相信一款新产品的价值或者一个创新的解决方案，因为这些东西是相对未经测试的。而在销售中，因为交易和流程都相对比较有条理，产品的推销方式也比较成熟，所以诚意并不是关键的（尽管最好的销售人员是真诚的）。

为什么真诚的销售很重要呢？因为真诚的销售是一种销售策略。一旦对方感到你是真的愿意帮助他们，那无论你推销什么，他们都会愿意接受。不管合作伙伴的性质或对方的规模是怎样的，上述情况往往是真实存在的，而且它通常预示着未来的合作关系也会取得成功。

真诚的销售实际上是关系网络的延伸，它会让你拥有良好的口碑，与他人保持良好的关系，有利于日后的合作。人们想要和那些对自己最感兴趣的人一起工作。如果你是一个真心实意的人，但并不是对方感兴趣的，那么你们可能不会达成这次合作。但对方会倾向于与你在下一次机会中合作，无论那时的你在哪里工作。

当真诚的销售失败后

真诚的销售也是会失败的，有时候你可能是世界上最真诚的人，但合作时机不成熟。也许对方看到了你的价值，但是他们已经有了更好的选择。我们保证如果你采用真诚的销售策略，那么当时机成熟时，你一定会有机会推销你的产品。想办法与未来和你达成交易的人一起工作，或者是与他建立联系（不要害怕向他进行推介）。如果你真诚地推销，你绝对不可能出错。

相反，如果你不尝试真诚的销售策略，就可能会出现以下几种情况。你可能会假装微笑，并期待最好的结果。大多数人会对这样的合作关系感到内疚，尤其是当他们知道这注定会失败的时候。另一种策略是强行推销那些毫无意义的产品和服务。这是一种有限的成功策略。人们可以通过表面现象看到其背后缺乏真正适合的合作关系。一旦他们深入到表面背后，你就很难给出有利于合作的强有力的理由，而你也再无理由将合作继续下去。正是由于你的过度承诺和表现不佳，最终导致你个人信誉的丧失。实际上，同样的伙伴不太可能会给你两次机会。

浮夸销售

正如我们在第 1 章中所描述的，业务拓展涉及对另一实体"销售"产品或合作想法。但有些时候,这一过程必然涉及一场非常缥缈与虚假的"演出"。在产品正在开发或最终确定的过程中,业务拓展专员向有意向的参与者推销产品或合作想法是很正常的。

在某些时段,浮夸销售也是必要的。第一个是创意阶段。假设你正在一家新的创业公司工作或者致力于现在公司的新产品。在花费资源和时间开发新产品之前,你希望得到一些市场反馈。虽然这个场景通常发生在合作伙伴的反馈过程中,但是"销售"包含了这个想法。然后他们通常会问一个明显的问题:"如果我们开发了这个,您会使用、购买或者整合它吗?"这种类型的直接反馈可以激励一个团队,甚至为想要开发它的公司设定一个期限和路线图。

第二个是开发阶段。继续举同样的例子,你已经合理地花费了资源和时间在产品开发上,并且它正在开发中,但是现在你希望潜在的用户、购买者或者集成商能帮助你完善它。在开发阶段的初期,你应该与尽可能多的公司讨论它们希望在产品中看到哪些特性。在开发的后期阶段,你应该与不同规模的公司进行对话,这些公司可能会参与产品的发布。

这可能很棘手,因为大多数潜在的合作伙伴都希望看到性能数据或指标,从而来推断成功的合作关系可能会为他们带来什么。Mike Dudas、PayPal 的移动业务拓展(通过 Braintree 和 Venmo 达成)、之前谷歌钱包的业务推广、全球音乐台以及迪士尼公司都谈到了对指标的需求。"即使在新产品的'承诺驱动'销售方法中,产品的生命周期的长短也取决于其性能数据。"最初可以根据市场数据、趋势和产品演示来进行销售,同时通过建立初始客户关系来收集产品的性能数据。新技术产品的客户将在非常短的时间内要求产品的性能数据。

第三个是产品发布阶段。现在你正在完成一个令人惊叹的产品的收尾工作,你想要获得人们对你的产品的最大化关注,最好的方法是让少数几家公司使用、购买或整合你的新产品。此外,你应该和"产品合作伙伴"一起宣布推出此产品,这些公司应该正在使用该产品,并愿意公开发展对它们的使用评价。通过这种方式,当其他公司看到你的新产品及其效用时,它们就可以直接去你的一个合作伙伴那里测试它或者咨询它。

何时进行浮夸销售比较合适

何时开始销售产品或前景是一个微妙的平衡问题，任何寻求变现或合作的公司都必须扪心自问。当然，答案取决于推广的受众，以及合作关系的本质和复杂性。一般来说，当你的产品接近完成时，就是你接触其他公司的最好时机。

尽早建立关系是很重要的，但是过早的建立关系会让另一家公司很难相信你的公司的产品水平或者完成时间。通常，你会想要向一系列合作伙伴推出你的产品，因此你必须在产品完成之前与其他公司联系。有时候，这些公司想要和你的产品一起推出自己的产品，所以按时履约至关重要。无论你选择哪一种方式，只要问题的答案包括实际产品完成前的时间框架，就会涉及一些浮夸销售的元素。

浮夸销售的艺术

掌握浮夸销售的艺术包括接受你收到的反馈，把它整合到你未来的推介以及产品中。如果你能继续宣传你的产品，直到达到满意的效果，也就是少数几家公司将承诺一旦产品完成就会使用、购买或整合，那么你将会让你和你的公司获得巨大成功。

浮夸销售和实际产品销售之间的主要区别在于，你可以在交付过程中发挥创造力，但不要太离谱。如果其他公司想要你兜售的产品或服务，你必须如实交付，否则就会永远被人们视为"胡说八道之人"（好吧，也许不是永远，但也很难摆脱这个标签）。如果你有信心能让你的产品和工程团队创造或添加一些你已经推销的东西，那你就去做吧。不要忘记，浮夸销售并不排除真诚的销售。

例如，如果你正在业务拓展和发展合作关系，那么在某个时候你将不得不卖掉一些还没有开发完全的东西。这通常发生在公司的早期阶段以及新产品的开发周期中。

我们已经知晓的最成功的销售方式就是，在推销的时候，少关注销售过程，多收集信息。你应该利用一些恰当的词语来表示你的公司正在考虑开发一款产品或一项功能，而不是推销一个已成型的产品，并且你希望能从客户和潜在的合作伙伴那里得到反馈。你可以明确地指出，如果他们有足够的兴趣，你希望开发该产品。当公司给予你反馈时，你会继续关注它们并将之融入你正在进行的销售过程中。

斯科特·布里顿是一位浮夸销售大师，他通过与其他浮夸销售大师——SinglePlatform创始人、Seamless前销售负责人威利·赛里利（Wiley Cerilli），以及SinglePlatform的执行副总裁肯尼·赫尔曼的合作来学习这一点。当布里顿在SinglePlatform工作时，他会根据这些原则来结束几项合作。他说，预售的关键就是通过问很多问题来了解对方的需求。一旦你得到了所有你想要的答案，然后讲述一个故事，让它尽可能地简单，直至让对方说"是"。而且，正如他所说，浮夸销售最重要的一点是永远不要仅仅依靠口头承诺来推进。如果你要开发一个尚未存在的东西，你需要有一笔固定的交易。

蒂拉特·卡玛达（Tirath Kamdar）掌握了销售产品的艺术，这一产品在他与在线零售商Fab.com进行合作和真诚销售时还不存在。他的策略是十分依赖公司已经收到的宣传。"我们的做法是大量使用公关，让关键的出版物和媒体以一种干净、无瑕的方式来报道我们，以便人们能以更好的价格通过自己的资产担保来获得短期贷款。一旦我们从个人财务出版物和类似的刊物中获得了一些公关支持，我们就会在网络上创建借贷页面，将这些信息整合到一起，并在网站的体验中使用这些信息。我们注意到人们会申请贷款，并把他们的手表和有价值的资产寄给我们以获得贷款。我们花了六个月的时间才真正获得了信誉，但我们确保从第一天起就有了统一的信息，即公关驱动的可信度，并且坚持通过这一手段开始创建品牌。"

总之，你要知道的是：出售那些尚未准备好的东西并不容易，但如果你找到了适当的平衡，那么一旦你的产品准备好了，你就能够获得一些早期的收益。

第 3 章

推介和达成交易

渠道与预推介准备

我们已经介绍了在业务发展中的角色需要和抽象的合作关系。但是，推进一项业务和达成交易并非易事。在交易达成之前，需要大量的战略、计划和良好的组织（这是最重要的）。此外，你的第一笔交易不一定能达成，也不一定是最好的交易。因此，拥有潜在合作伙伴的渠道会为你提供选择的机会。

作为专业的业务推广人员，你必须构建和管理自己的渠道。这将帮助你确定你的合作方向，并让你集中精力在特定的会议上。你的渠道所涵盖的信息包括你推广对象的公司、产品和人，这些都会为你指出你需要为合作会议所做的准备。

建立渠道

合作渠道只是你的团队的所有候选合伙人的名单，以及每笔交易的进展阶段。这应该和你个人网络中的联系人列表、这些联系人与你所在的行业以及你所在团队的人的关系网相关。除了你现有的人际网络之外，它还应该包括你意向合作的对象。你的渠道应该始终是最新的，并且应该实时更新和维护它。为了便于共享和避免重复，大多数专业人员会使用某种基于云的 Excel 文件，比如谷歌电子表格（Google spreadsheet）。

斯科特·布里顿说这个文件是唯一一个在他的电脑上一直打开的软件。"我把我所有的希望都放在了谷歌文档上，我把它命名为[主动]+目标清单。这是我每天要做的第一件事，也是最后一件事。它总是保持打开状态，以确保我可以正确地维护它。我每周还会和我的团队开会讨论这个问题，这让我随时保持紧张感与责任感。"

在规模较大的公司，渠道可以由一个更初级的业务推广人员来维护。管理渠道意味着保持它的即时性并反映交易轨迹，不断更新有关联系人的信息。维护渠道的人也可以使用一个系统，该系统可以方便地访问团队的其他成员。你还可以使用 Salesforce、Trello、Highrise 或类似的客户关系管理（CRM）工具软件。但是只有几列的简单电子表格也可以很好地发挥作用，这个电子表格可以包含以下内容（详见表 3-1）。

表 3-1　　　　　　　　　　　　　　　渠道管理示例

	A	B	C	D	E	F	G
	公司名称	姓名	职位	规模	可能性	进展（%）	备注
1	美国广播公司娱乐集团（ABC Entertainment）	杰弗里·张（Jeffrey Chang）	市场部总监	大	低	40	会议后，为每个团队提供更多信息和问题的请求
2		梅根·斯威特（Meghan Sweet）	销售代表				
3		鲍勃·班森（Bob Benson）	市场总监				
4		杰森·佩珀（Jason Pepper）	市场部门				周四电邮已发
5	ABC 新闻（ABC News）	莱斯利·科赛特（Leslie Cosette）	销售部门	中	中	60	
6	A&E 电视	沙恩·尔森（Shane Oison）	创意部门	小	中	60	会后需要在线获取一些信息
7		皮特（Peter）		小	高	80	
8	福尔斯娱乐互动（Fox interactive）	乔治·埃斯皮诺萨（George Espinoza）	SVP	大	中	60	对测试技术感兴趣
9		斯蒂芬妮·思科尔（Stephanie Siskel）					
10	HBO	杰西卡（Jessica）		中	低	40	会后联系，想在 5 月继续跟进
11	全球音乐台	艾利森·斯坦利（Allison Stanley）	业务发展专员	大	低	20	大腹便便地离开

- 第一列：公司名。
- 第二列：合作伙伴名称。
- 第三列：职位 / 邮件地址 / 电话。
- 第四列：规模有多大？找到一个你能在所有公司使用的通用指标。这可能是用户数量、收入数字、市值或任何其他创造性的评估公司规模和机会的方法。
- 第五列：该公司和你合作的可能性有多大？再次找到一个常用的度量。我们喜欢使用 10 分制，其中 1 是最小的，10 是最有可能的。要考虑的因素是，你与其他公司的距离有多近、它们关注的是什么，以及你的个人直觉如何。
- 第六列：交易的状态。通常这是用百分比来表示的（例如，交易处在合同阶段，所以 60% 已完成）。你可以用百分比来表示，但要记住，与一家公司开会并不意味着该交易就达到了 80%，更有可能是 20%。
- 第七列：备注。包括任何可能相关的附加说明，这些可以被更新或改写为变更的状态。

总的来说，这份文件应该是对你的合作关系和你可以利用的关系的指导，你可以以你的方式来用它发现新的合作伙伴和机会。渠道也适用于其他非技术性的情况，包括管理媒体关系（称为新闻渠道）、筹集资金（融资渠道）和其他类似的领域。

Yelp 网的业务推广副总裁迈克·加福瑞（Mike Ghaffary）认为，所有的合作关系都应该建立在投资理论或战略愿景的基础上：

> 建立合作关系渠道的第一个阶段是建立一个你想要达成的战略愿景。第二个阶段是建立渠道。它可以像 Excel 或谷歌文档一样简单，也可以由销售人员或其他 CRM 工具来构建。如果你是一个人，在开始管理渠道的时候，一个电子表格就足够了。但是团队里的人越多，你就越应该像销售人员一样使用 CRM 工具等软件。

管理渠道

根据公司的规模和你完成交易的可能性来对你的潜在伙伴进行分类。将规模按小、中、大排序，概率为低、中、高。

在查看渠道时，要关注在可能性一列中属于中、高类别的交易，以及在规模一列中的中、大类别。这应该是十分明显的，但你还是会惊讶于这样一个简单的概念是如何被忽略的。

加福瑞认为，第三个阶段需要考虑的是"我应该给谁打电话"。这就是战略路线图发挥作用的地方。在这里，你也应该考虑销售和业务拓展之间的区别。

利用概率和大小的关系来确定合作关系的可能性及其影响。如果你的产品没有合作伙伴，但你的战略就是合作关系驱动的，那你首先应该把一些注意力集中在那些可能性高、但规模较小的合作关系上。一旦取得了些许进展，你就可以把注意力转移到可能性高或中以及规模大或中的交易上。

管理你的团队渠道非常重要。在你对公司的规模和交易的可能性进行了排名后，是时候开始着手处理这些合作关系，并做出一些努力了。

开会的策略

学习有效推销的基础建立在你从前面的章节中获得的关于合作关系的知识上，包括确定合适的人、完善合作伙伴和产品。随后，通过简短而有效的介绍来联系潜在的合作伙伴。最后，开始你的推介，以充分表达你希望获得一个双赢的交易。

BOND 的创始人安迪·埃尔伍德（Andy Ellwood）说，作为专业的合作伙伴，他常常会被指派发掘目标公司会议的任务。"当我们在为我们的产品路线图制订计划时，我通常会从我们的团队中收集需求，并选择我们认为可以开发新功能或者传播新理念的理想合作伙伴。然后我就会去寻找，看看我们到时候可以带什么回来。"

要想真正组织一个合作伙伴会议，你首先要确定能够联络到这家公司的所有方式。利用网络（一般是领英）来看看你是否能找到你和这家公司的共同点。如果你认识一位强大的牵线人，不妨请他将对方介绍给你。如果你的联系人不是一个合适的人选，也可以请他做一个介绍，但你要注意的是，你确定你正在寻找正确的人（如果你已经有了这个人的名字，那就最好了），并且希望他能帮助你。

虽然合作周期的所有阶段都很重要，但最关键的是渠道。如果你没有做好让对方对你所提供的东西感到兴奋的准备，那当你进行业务拓展时，你很有可能就不那么幸运了。

识别目标

管理渠道的一部分是确定关键的交易目标。正如我们在第 2 章中所讨论的，锁定目标公司或建立战略合作关系是达成协议的第一步。一旦你有了一个强有力的渠道，列出了所有你可能与之合作的公司，那你就应该把清单上的公司缩小到那些可能真正与你达成交易的公司的范围内，比如规模、平台、管理，甚至是产品。这份清单最终会成为你的入围清单，也是你首先要关注的地方。

与公司联系

在你确定了合适的垂直细分市场以及相关公司之后，就是时候接触这些公司了。你可能已经与其中的几个关键环节建立了联系，包括你通过社交活动认识的人。首先你要和这些人取得联系。如果你离他们很近，你可以在去找你不认识的人测试之前，先在他们那里进行一下测试。

最后一种选择是盲目的：把自己介绍给陌生人。和你不认识的人接触是一门学问，而结识陌生人最好的方法就是来一个热情的自我介绍。如果你与一个认识这个人的人熟络，并且他可以为你做担保，愿意为你推荐，那么你可能就有机会出现在他面前。如果你是由一个你们相互认识的人介绍的，那你们沟通的前景很可能是非常积极的，但是没必要一开始就和他会谈。

当你想让别人介绍某个人给你认识时，一封简单的电子邮件就足够了。你通常会以"请求引见某某公司的谁（+ 人名）"为标题给对方发出一封简短的邮件。在邮件的正文中，解释你请求引见他人的原因，并尽可能多地给出一些背景介绍。你也可以对你正在做的工作（一两句话）以及困难之处做个简短概述。如果你的请求是清晰、简洁的，且并非强加人意的，你的联络对象又和你想见的人比较亲近的话，那他很可能会很乐意帮你介绍。

获得对方热情介绍的最佳方式是使用像领英这样的网站，它可以向你展示你如何能联系到一个人或一家公司。不要直接通过平台进行介绍，你可以使用普通的电子邮件来进行联系，并提醒对方你是在领英上看到他的联系方式的。如果你知道你需要和谁说话，那就找到那个人的资料，看看你是否可以直接或间接地与他联系。

更棘手的问题是，当你想要进入一家公司时，不一定要知道对方的联系人是谁。通过使用前文中列出的原则，你可以使用谷歌和领英这样的服务来搜索公司，看看你是否与某个人有联系。如果没有，不妨寻找一个强大的辅助联结，即使它是一个不太相关的角色。如果你和公司里的某个人有多重的联系，那么你肯定会找到某个人来帮你引荐。

如果这两种策略都失败了，那么你最好的选择就是进行短暂的盲目联系。这种方式很少会让你与他人取得联系或者共识，但也不会让你得到你不需要的东西。

对于盲目联系，进行通信的性质略有不同。电子邮件仍然是首选的联系方式。尽管如果没有电子邮件地址，也可以通过其他社交媒体平台来联系。邮件的主题应该是不言自明的："把 X 公司和 Y 公司联系在一起"（如"把某公司和 Facebook 联系在一起"）。电子邮件的正文应该限制在五句话以内。简短介绍一下你自己和你的公司，然后用剩下的句子来解释为什么你要联系这个人。请记住，盲目联系的目的是不要让对方说"是"或"完成"，而是让他回应你。给他足够的时间来激起他的兴趣，让他想要给你发邮件或打电话了解更多。

准备会谈

调查了解其他公司

当你不考虑对话的本质而打电话给另一家公司或与其会谈时，你应该提前准备一些事情。即使那家公司对你打电话推介有些始料未及，或者本次交流的前提是进行探索性的谈话，那你事先也还是要对这家公司做些调查。正如我们在前文中所描述的，打电话之前，掌握其他公司的基本资料是必要的。使用类似于第 1 章中所提及的策略，了解该公司的历史、产品、商业变现进程以及它的融资情况。

尽管你应该牢记关于这家公司的一些基本信息，但这项准备工作不应该只是记住这些而已。为了全面了解这家公司，你可以做一些事情。首先，你可以阅读该公司的博客并浏览其在过去几个月中的任何新闻。如果它不是一家上市公司，你可以试着和它的投资者谈谈。如果是在酒吧，你应该和任何一个合作伙伴谈谈，并阅读一下其公布的财务报表（或年度财务报告、季度财务报告），以及任何投资分析师的报告。如果你做了适当的调研，那你就应该能够定位你的产品，以匹配公司发现的重要的或核心的业务。

为实际的会谈做准备

大多数的会谈都涉及某种含蓄的说辞，即使是非正式的会谈。随时准备一个网络版的关于公司以及你的诉求的介绍，即使你最终没有使用它。随时做好演讲的准备，以备随时可能出现的即兴演讲。

另外，了解一下即将与你见面的人。试着在领英上找到他们的职业经历介绍，或者通过他们在 Twitter 或其他社交媒体网站上的在线活动了解一些他们的信息。通过这种方式，你可以利用第 1 章中提到的一些工具来联系这些人。

管理团队期望

正如那句古老的商业格言所说的，你应该始终信守承诺。

即使你有五笔交易正在进行，并且你相信能在一周之内同时完成，那也不要在你的收件箱收到已签好的合同（或者你的银行账户里已有资金进账）之前，承诺任何事情。交易不知何时就会停止，当你不知道一笔交易的走向时，给予团队成员期望就是一种很糟糕的做法。在大多数情况下，他们并不知道这其中的差别，因此不要过度承诺。

如果你需要和你的团队成员谈论一项交易，那你可以告诉他们现状：事情看起来很好，也有很多的预期利润，但是在通往成功的道路上仍然会有障碍，你会让他们知道这会在什么时候完成。

如何进行推介与达成交易

本节是这本书的核心。业务拓展、合作关系，以及两者之间的所有事项，最终都与推介和达成交易相关。我们希望，在你阅读和消化本节后，你将有足够的信息储备，给你想要共事的人留下一个好印象。

推介

几十年来，标准的商业推介并没有发生任何改变。这一过程通常需要在一家公司的办公室进行面对面的交流。寻求合作关系的公司往往会创建一个推介平台，此平台包含和该业务有关的重要的、简明的信息（即展示）。在展示过程中，制作方会被寻找漏洞的听众提问。大多数主持人会把话题转回到推介上，并且向公司提出具体的要求。

随着时间的推移和你自信心的建立，你可以开始脱离经典的一页一页地翻幻灯片的展示方式，采用新的方式。事实上，在技术领域，大多数经典的推介似乎都已经过时了，再继续如此，只会获得不温不火的反应。在本节中，我们将向你展示如何在更现代的环境中进行推介。

推介资料的准备

有一些商学院认为，在推介时应该使用推介资料。一些专业人士喜欢用一个简短的展示来讨论产品、服务和需求；有的人则选择内容更长、范围更广的演讲和讲义；还有的人根本不使用任何推介资料，只是单纯地与对方交谈（提问、对话和倾听）。

大多数公司，无论规模如何，都应该有自己的推介形式。即使你是一家公司的创始人，你也有责任把你的产品、商业计划（或战略）、团队以及其他任何值得人们关注的东西都整合到一个简洁而全面的展示里。最开始的展示可能会帮助你获得首轮融资，但在寻求合作关系时，你的展示必须进行调整，以便专注于合作关系本身。

进行推介

任何人都可以进行推介。推介只是试图说服别人去做你想让他们做的事情。不管我们是否意识到这一点，我们都在频繁地推介。例如，你和你的配偶一起去看你想看的电影，而不是他想看的电影；度假期间，你向你的父母推介礼物；你向你的朋友们推荐周六晚上该做点什么娱乐一下。推介你的业务、产品或服务并没有多大的不同，达到目的的方法都是一样的——你需要说服对方去做你想做的事情，而不是让他们坚持自己的需要或想做的事情。

无论你在哪家公司进行推介，模板式的推介都有其标准的流程和一系列相似的幻灯片。你的幻灯片需要包括你的产品或提供的服务、产品的基本特征、合作的好处、产品或服务的图片、潜在合作伙伴的图像、已经或正在与你合作的公司（如果适用），以及接下来的步骤计划。每一张幻灯片都很重要，它都可以帮你讲述一个伟大的故事。

- **产品/提供的服务**。这张幻灯片包含了为你的产品所做的高级概述，通常是一两句话，字号要大，字体要是粗体类型。
- **产品的基本特征**。这张幻灯片阐述了你的产品的功能。每张幻灯片可以只介绍一项产品功能，并清晰地罗列出每一个要点；也可以在一张幻灯片上介绍完所有的特征，并给出所有的要点，在陈述的时候再对每个特征进行详细的说明。任何一种方式都显得非常专业。这取决于个人的喜好。
- **合作的好处**。这张幻灯片说明了为什么你的产品会帮助合作的公司。回忆一下合作关系的四条黄金准则，在制作这张幻灯片时，用它们作为指路明灯。明确你所提供的具体益处，并设定适当的期望。
- **产品或服务的图片**。要完整地展示你的产品或服务，包括有关它们的图像。人们更愿意对真切看见的东西进行回应，视觉展示的效果比口头陈述更好。如果合适的话，你最好在这个推介阶段对你的产品进行展示。但这样做的缺点是，你可能不能再用其他静态方式对你的产品进行推介了。

只有当你的产品给人留下深刻的印象，并且准备好被呈现给不同背景的观众时，才能开始做展示。展示比陈述要好，所以如果你能展示一下，哪怕是简单的，也终归是好的。如果产品还没有准备好，或者它仍会引起很大的误解，那最好不要展示，因为如果你展示了一个错误的产品，你很可能就会失去信誉。

- **潜在合作伙伴的图像**。如果你不回避产品展示，那么下一张幻灯片就应该展示你的合作伙伴的图像。这通常对产品合作关系（特别是如果有产品或功能集成时）比较有意义。在处理其他类型的合作关系时，有时你会把你的商标和其他公司的商标放在同一个页面上，此页面上还有一些其他的图形。
- **合作伙伴**。这张幻灯片有助于证明你的业务能力，它通常包括所有已经与你合作或使用你的产品的其他公司的标志。如果你是一家企业，它还应该包括你的主要付费客户。展示已知的实体企业以及它们的标志，为你的产品或服务增加可信度。例如，如果你向一家电子商务公司推销，而亚马逊是你的合作伙伴，那这家电子商务公司将会更关注你，也会更愿意与你合作。

- **下一个步骤。**用下面的步骤来结束你的展示。你在推销你的产品方面做得很出色，并且有公司有兴趣与你合作，那你接下来该怎么做呢？在这张幻灯片里，你应该从商业角度、技术优势，甚至是法律或物流角度来列出你接下来的行动步骤，从而使讨论主题更加明朗，并让观众对未来体验充满期待。这样做，会让你和你的团队看起来有远见、有组织、有意愿致力于合作。这也是达成交易的下一步。

向潜在合作伙伴推介的方式将取决于你所寻求的合作关系的性质，以及你们两家公司将如何进行合作。一个面向 B2C 公司的分销合作关系计划，可能会稍微不同于 B2B2C 公司的变现合作关系。

如果你是在办公室里做推介，一定要将你自己的物品和需要使用的技术准备妥当，包括推介文件的打印件、你自己的笔记本电脑或者平板电脑等。如果是在别人的办公室，你可能会想把你的电脑连接到他们公司的投影仪上。如果是在自己的办公室里，你可能会有更多的时间来对此进行设置，但如果不是，一定要事先询问有关连接线和兼容性的问题。没有什么比因技术上的限制而出问题更令人尴尬的了。

有两种开始推介的方法。第一种是在会议室里设计一个演示平台（PowerPoint 和 Keynote 是最流行的软件服务），然后通过幻灯片播放来演示。这种推介方式更传统，也更常见。

第二种是直接打开你的产品或服务，向观众进行展示。如果你要展示的是功能性的网络或移动产品，这是最有效的。这一方式哪怕是展示最不可行的产品也是可行的。正如前面提到的，为你的产品提供背景介绍是很重要的，即使你只是打算单纯地展示一下它。你可以先介绍一下你自己和你的公司，以此作为快速的背景介绍，同时将产品功能等设置好，以便自然而然地开始展示产品。

真的，没有比直接展示更好的方法来推介产品了！无论你列举了何种类型的合作伙伴，你都应该展示你的产品是如何运作的。展示产品的同时，也展示其他公司是如何使用它。如果你的展示涉及这家公司所关心的事情，那么你就能达成交易。

如果可能的话，试着给房间里的每个人都提供一份实际产品，这样他们就可以亲自尝试了。

为这三种类型的合作做准备

根据你试图达成的交易类型，你需要记住一些细微差别。记住这三种类型的合作：产品合作、品牌合作和分销合作。

产品合作与另外两种合作形式的细微差别

对于产品或整合合作，你要确保你所展示的产品与其他公司的产品相结合时的效果。如果你正在试图让这家公司花费一些研发时间来整合你的产品，那就需要明确产品的最终展示样、完成此过程需要多长时间，以及公司能从中受益多少（比如，你的产品提供了更多的用户、带来了更多的收益、节约了更多的成本，或者改进了产品）。使用屏幕快照来显示你的产品是如何进行整合的，最好是能带来整合产品的工作原型。这一方法需要时间去努力达成，但它可以成为推动其他公司与你合作的良方。

Foursquare 公司的埃里克·弗里德曼说，他"总是试图了解什么能激励他人以及他为之工作的公司。知道这一点有时会让交易变得复杂"。他还提倡在内部设定期望，尤其是在那些接触产品的人当中，这样他们就能了解交易的每个阶段都在做什么。

品牌合作与另外两种合作形式的细微差别

在品牌合作的推介中，一定要注意与你合作的品牌的经验。这主要是通过合作品牌的图像和简介来体现的。除此之外，与其他获得合作的推介和方式几乎相同。你要向另一家公司展示合作品牌的产品将会是什么样子，并详细说明为了实现这一目标，合作双方将付出怎样的努力。例如，一方可能为此产品带来用户群，而另一方可以提供一些新的令人兴奋的东西。

Contently 的前业务拓展经理玛克辛·弗里德曼（Maxine Friedman）拥有丰富的品牌合作经验，并将视野放于合作关系的框架之外，最大限度地发挥了其作用：

我与一家大型社交媒体网络建立了品牌合作关系。作为一家创业公司，我们对光环效应非常感兴趣，它的品牌可以为我们赢得信誉和创造力。从本质上说，除了在其应用程序接口上集成之外，我们还共同举办了一些活动，开发了联合品牌的产品，并参与了一些联合品牌的宣传活动。

双方对这些合作关系的要求是，这种合作必须是互惠互利的；注重创造和创意是拓展市场营销策略的关键；信任另一方也是必要的（因为这类交易通常是通过最初的个人关系发展起来的，没有签订纸上协议，而是口头约定）。我见过的通过这些模式合作的双方通常是，一家更传统的（更大的）公司正试图获得新技术或增加前沿技术，而小的创业公司则试图获得用户群或进入市场。

当你要进行品牌合作时，你需要说明双方都要做些什么，如果你想要达成这项交易的话，你就需要展示出你的合作伙伴会是什么样子的。

分销合作关系与另外两种合作形式的细微差别

当你追求一种关系网合作时，你就会陷入以下两种状态的一种：一种是你在寻找分销交易，另一种是你有分销渠道，正在寻找能让这个交易规模扩大的人（我们都应该如此幸运）。

当你在寻找分销交易时，让我们假设你已经发现了可以合作的合适的公司。当你向那家公司推介的时候，请记住它是有分销渠道的，且大部分时间都是在寻找资金或更多的分销渠道，而你自己却不可能有太多的分销渠道。在某些关系网交易中，双方都需要更多的分销渠道，或双方都有分销渠道，就像拉斯·菲耶尔索-尼尔森这样的移动合作商，之前和 Dropbox 合作，现在和优步公司合作。在所有的分销中，一方（通常是具有分销能力的一方）需要显示或分享其真正拥有的分销数量。而没有分销渠道的公司（除非你在做一笔联合分销的交易），需要解释如果没有钱的话，其能为这种合作带来什么好处。如果你带不来任何好处，那就将讨论话题直接跳到资金上，这样的话，就更像是在谈判而不是推介了。

在你对推介的公司的初步认识不确定或不正确，或者你的产品与其无关的情况下，为了减少损失，你最好停止推介。这通常意味着你没有做好调研，而对方公司也没有尽职调查你是谁，或者它们只是在进行探索性的会谈。你可以利用这个机会介绍你的公司，并坦率地说，你认为在会谈期间建立合作关系的前景可能不太好。与其提供虚假的承诺，倒不如以一个良好的态度来结束会谈。

让你的推介更好

在推介开始之前，最好的推销员会找到一种方法来问公司两个问题（或者得到两个问题的答案）。第一个问题是："其他公司现在在关注什么？"第二个问题是："此时什么对公司最重要？"通过你的演讲和这些问题所获得的信息是你无法通过调研来获得的。这也表明你已经对这些问题进行了调研，并正在考虑以正确的方式来推介。一旦你听到了答案，你就会立即知道你的产品是否与其他公司的业务相关。这可能是推介中最重要的部分，不应该被忽视。一定要确保询问是自然完成的，而不是像例行公事的面试一样。如果你做对了，你将得到你需要的有价值的信息，并且能够成为一名更出色的推销员。

不管你选择的是传统的风格还是自由形式的展示，你的成功很大一部分取决于你能否讲出一个好故事。有时，你或许能为公司带来一些令人兴奋的事情（或者新产品马上就会发布）；有时，你或许在试图找出应该提供什么东西。无论如何，策划一个好故事，并为这家公司与你合作提供充分的理由。

明白为什么有人愿意和你一起工作

如果你想和另一家公司合作，你最好拥有合作的价值。我们之前已经写过关于建立合作关系的四条黄金准则，这就是它们适用的地方。弄清楚其他公司的重点领域是什么，并利用这些准则来确定它们与你的公司建立合作关系会给彼此带来什么助益。在你确定了你的公司能为其他公司做些什么之后，你应该关注该公司的发展路线图，并试着去了解它的优先选择。

创业的商业周期分为三个阶段：产品开发、扩展和实现商业变现。如果你想与另一家公司合作，并且建立合作关系将有助于提升它的盈利水平，但它仍专注于开发产品，那就说明你们之间合作的时机不对。如果你在其他公司专注于赚钱的时候却要帮其扩大规模，那么你和它的合作很有可能不会成功。

以汤博乐公司为例。2012 年，汤博乐公司正处于商业变现阶段，并且它的全球用户已超过了 1.7 亿人。它希望能将这些用户数量转化为营业收入。如果你是带着通过用户获取或产品改进的合作计划（除非你的产品的整合是公司的资金）来到汤博乐公司，那它很可能不会有兴趣与你合作。但如果你有办法让汤博乐公司从现有的用户群中赚钱，它就会对潜在的合作关系感兴趣。雅虎公司与汤博乐公司达成了最终协议，并在 2013 年获得了超过 11 亿美元的服务。

你能提供多少帮助

当你确定了你需要提供什么，并了解了其他公司的发展路线图之后，下一个重要的问题就是你会对这家公司产生多大的影响。如果你想和像美国在线这样的公司合作，并为其提供了一种增加用户基础数量的方法，那么它会问你："你会带来多少新用户？"如果是五个用户，那你肯定不用继续再说什么了；但如果这个数字是每天五万个新用户，那么对于美国在线来说，与你合作就足够有趣了。

你之前有过合作伙伴吗

说到底，最需要关心的问题是："你如何能证明你所说的？"你可以谈一个好项目，但公司真正关心的是你能否做到你所说的事情。通过与你共过事的公司的例子来证明你的观点。

更新你的推介

如果你在短时间内做了几次推介，那你的推介逻辑基本上可以保持一致了。但是每隔几个月，你必须更新一下你的推介形式。尤其是当你的公司有新产品出现的时候。你的推介和任何你使用的营销材料，包括推介平台、销售平台或链接的文章，都必须确保包括最新的和前沿的公司产品。营销材料中需要更新即将上线的产品的信息。每次会议，你都会收到越来越多的反馈。这种反馈将继续推动你提议的改变，反过来又会推动你的推介内容的更新。

合作的时机和动机

影响任何合作的主要因素之一就是时机。时间就是一切。有时候，当你第一次与对方联系时，你的联系可能会被中断或被拒绝，但是与对方继续保持联系可能会带来一些好处。记住，你被对方拒绝是件好事，这可能是你的时机。如果你被拒绝了，并且你认为这是因为时机不对，那么继续与其他公司对话，并定期和你之前潜在的合作伙伴联系。如果两家公司之间有很强的契合度，那么在某些时候，时机通常就会是一致的。

通过观察学习

最好的学习推介的方式就是找到一位擅长推介的人并模仿他。每一家达到一定的规模的公司都至少会有一位实力雄厚的推介人员。找到那个人，和他密切合作。如果你自己身边没有这样的人，那就出去找一位你欣赏的、有公开演讲技能的人。花尽可能多的时间和那个人在一起，模仿他。

证明你能做什么

没有特定的公式来帮你达成或完成交易，但在与另一家公司进行对话时，可能会有一些关键因素在起作用。正如我们在第1章中所概述的，交易是通过网络或联结进行的，部分是出于财务或产品的需要，最后是出于对风险管理的期盼，从而获得巨大的潜在回报。但这些交易绝不是靠运气完成的；为了达成交易，你必须证明你能做什么。你可能有最好的幻灯片和最酷的展示，但如果你没有漂亮的数据支持，那你也将很难完成交易。

影响合作关系发展的最重要因素之一就是如何证明你的价值。这不仅意味着你要展示你的公司所提供的产品的价值，也要让其他人知道可以从你的公司获得什么价值。实际上，关于"其他公司使用的是你的服务还是产品"这个问题，在你提供服务的初期阶段，你得到的答案并不多，并且你应该诚实。在你的圈子里，大多数人都会理解，作为一家新公司，你必须从起点处就获得动力。

当你添加了使用你产品的中小公司名单后，你的回答将变得更丰富和更有说服力。你应该有一些知名的合作伙伴，这将有助于你说服潜在合作伙伴致力于与你合作。通过展示别人是如何在你的公司中获得价值，以及这家公司是如何从你的创意和你的推介中获益的，能够"向潜在的合作伙伴证明你的价值"。

如果你有很多客户已经在使用你的产品，或从你的产品中受益，但是你仍然很难达成交易，那可能是因为对方很难验证你所说的好处。还有一种可能是另一方不愿冒这个风险，因为它没有看到真实的结果，或者因为实际的结果并不是它的团队想要的。

向另一家公司证明你的价值的最好方法是展示原始数据，讲述和你有关的积极的、重要的、有凝聚力的故事，这将激发这家公司想要和你合作的兴趣。在接下来的章节中，我们将讨论如何将"很高兴拥有"转化为"需要拥有"，而这通常是通过实际数据来证实的。如果你能向一家公司展示另一个相类似的合作的直接结果，让对方看到该合作的成功，以及给合作双方带来的好处，那么你几乎就可以保证合作的成功了。

展示用的数据的性质取决于你公司的类型以及公司衡量成功的指标。这可能包括相关用户数量的数据，它可以证明，通过与另一家公司的分销合作，双方的用户数量都增加了。如果你是一家成熟的公司，或者你正和一家专注于盈利的公司合作，那你可以用数据来证明你是如何拓展公司的用户群的，或者你是如何帮助公司盈利的。无论你的衡量指标是什么，运用这些数据对你都有利，并能帮助你完成交易。另一方面，你需要走出去，因为在与第三方合作之前，通常会通过现有的业务来证实公司价值。它有助于你节省试图向对方出售可能尚未完成的产品的时间。

一些企业能够成功地进行"虚无缥缈"的展示，推荐一种尚不存在的、没有指标或结果的产品。我们在前面已讲过，一般来说，这是一项艰巨的任务，只有最熟练的推销员才能完成。通常情况下，另一方一旦意识到你没有任何实质性的东西，双方就会撕破脸皮。

证明过程所需付出的最小代价可以根据公司的类型而变化。在稍后提到的一个例子中，一位精明的首席执行官仅凭一些线框图、一个精彩的 PPT 和一个具有说服力的演讲就完成了自己的推介。然而，这并不常见，也不应轻易尝试。大多数公司之间的合作关系都是从推介公司的产品开始的，甚至可能是一个小的核心用户组提供的反馈。

要记住，感性最重要，尤其是与你共事的其他伙伴的态度。在合作关系的早期阶段，一个积极的产品推荐甚至比数据驱动的结果更能说明问题。在培养合作伙伴的基础上,你要充分利用这些建议。与合作中的大多数事情一样,在你的空间中创建一个强大的、积极的专业人士网络,可以大大促进你事业的成功。

创业公司和成熟公司的证明过程是有区别的。在发展较为成熟的公司,或者至少是在成熟公司的成熟产品方面,你应该会有很多数据来支撑你的建议。而对于创业公司,你可能没有任何数据可以支撑你的论点。你可能只有很少的合伙人甚至没有,而你的合伙人可能也是非常小的公司,而不是规模较大的公司。要提防一家创业公司在没有对小公司进行任何测试的情况下,却拥有知名品牌的合作伙伴。这通常是不合常理的。例如,这家公司可能根本没有与大公司"完成"的交易。

那么,当你处于公司或产品的早期阶段,你会怎么做?你该如何证明你公司的价值?即使你没有产品,你也可以尽可能利用自身优势去证明。你需要尽可能多的例子,去证明那些采用了你所描述的产品或服务的中小企业所得到的提升(如果你能承担他们这样做的成本,那进度就会大大提升,从而有助于你获得绝对必要的数据来证明你的理念)。在这个阶段,你经常会被拒绝,但如果你是一名优秀的演讲者,你应该让一个或几个人与你一起工作。如果你从朋友和朋友的朋友那里开始,也许会有收获。陌生人通常会拒绝帮助,他们不喜欢成为被试。

达成交易

你可能是天生的代言人,但没有办法成为天生的更容易亲近的人。到目前为止,学会与他人亲近的最好方法是和那些经验丰富的人一起工作,也可以请他们传授这门手艺。如果你是一名初级员工,你可以跳槽到专业公司,或者在公司的创始人或副总裁的领导下工作,学习基本知识,或在经验丰富的专业人士手下工作。

一旦你确定了合适的人选,召开了推介会,并做了演讲,进行了艰难的推介,那是时候完成交易了。有时候,达成交易的过程可以和第一次会议一样快,并能够在交易条款上达成一致。这些都是最理想、最不寻常的情况。通常情况下,达成交易的周期会从第一次会议开始,然后继续与关键利益相关者进行后续会议和讨论,直至最后的决策和完成交易。

达成交易需要做的四件最重要的事

创造一种紧迫感

当你需要达成交易时，首先要考虑的是紧迫感，这一点很重要。达成交易意味着你有能力把自己纳入对方公司的优先考虑名单之中。如果没有紧迫感，你很有可能会丧失这次合作。你有很多方法来创造一种紧迫感，比如提供一种排他性，将其作为一种特殊折扣或交易的一部分，或者是使其在媒体和促销中出现。确保事情的紧迫性是真实可信的，这样一来，潜在的合作伙伴就会在意你交易的优先顺序。

推介就是成功了 80%

在这一节中，关于推介的描述比达成交易要长得多，这是因为推介是达成交易工作中占比最大的一部分。最好的推介能够促使交易达成。如果你的推介得当，那你就会进入高概率达成的阶段。那些时机不对或不适合公司生存周期的交易，将会适时地退出。腾出时间专注于处理那些重要的交易。

利用竞争来激励合作伙伴

如果你有一家合作公司与你正在推介的公司是竞争关系，那么竞争有时会起作用。有时，企业可能会被落后于其竞争对手的恐惧所驱使，从而给它们造成一种紧迫感，并迫使它们优先处理与你的交易。

沟通彻底，用书面表达

一旦你做出决定，并且公司有兴趣采取下一步行动，那就要确保双方对你正在做的事情保持随时沟通。例如，就如何从你现有的资源中去促成交易，以及你可能面临的障碍进行沟通。一定要把这些信息写到电子邮件里，在你草拟合约之前，一定要先把这些信息仔细浏览一遍。如果你能通过电子邮件达成协议，那么你将节省大量的时间，否则你就会在合同谈判上花费很多时间。只有在将所有难啃的问题都一一解决了，你才能进入合同阶段，我们将在接下来的章节中对此进行讨论。

达成交易的不可告人之处在于，它在很大程度上与你推介的时机有关，而与你推介的能力无关。当你有能力来决定进行推介的时间范围，并制造一种紧迫感时，无论你是否拥有对方想要的东西，你都可以在接近交易的尾声时通过推介、产品定位来影响整个交易过程。你推介的目的是了解对方在想什么（或者想要什么），然后去满足它，仅此而已。如果你没有对方想要的东西，或者你没有对方现在所关心的东西，那你立即就会被拒绝或者被对方一句简单的"需要的时候再联络您"而搪塞过去。

达成交易背后的逻辑是简单的。一旦所有的条款，尤其是那些最复杂和需要费时费力的条款都达成一致，那双方就需要签署一份具有法律约束力的合同。合同通常包括你所提供的、需要征得对方同意的服务条款。一旦你签署了协议，那就由你、你的团队、你的交易伙伴以及公司的其他团队来执行这些条款。

仅仅是白纸黑字并不能完全达成交易。交易通常是由合约签署以及对整合、推广和产品的执行到位来共同达成的。作为一名专业的业务拓展专员或合作伙伴，你有责任在交易结束后继续跟进这项交易，直至交易全部完成。一旦交易最终执行到位，你就可以庆祝了，但不要太久。任何值得的交易都是每个人想要的，不管是否涉及排他性条款。

放弃

生活中最可怕的事情之一就是放弃。这可能来自业务交易、工作机会、新公寓租赁或一段关系。但我们要说的是，不要害怕放弃（业务交易）。有时候，放弃是一项正确的选择。

我们曾经害怕交易被拒绝。但是，放弃那些对你来说毫无意义的交易或代售物是正确的明智之举。大多数时候，你没有什么可失去的。这说起来容易做起来难，但培养你勇于放弃的精神的最有用方法就是给自己更多的选择。如果你想在某一垂直领域达成交易，那与许多竞争对手进行沟通将会对你有所帮助。通过这种方式，只要你有任何一个包括其他潜在合作伙伴的可靠渠道，你就可以对不恰当的交易说"不"。因此，不妨相信自己的直觉，如果这种合作关系看起来不像是一个好的主意，并且你觉得你会损失更多，而不是从交易中获利的话，那就选择放弃这笔生意。

放弃很难。有时，负面影响似乎是无限的。但这并不是事实，你不必害怕离开一笔并不适合你的交易。

达成交易的合法性：订立合同及其他

你已经了解了推介和达成交易的基本知识。接下来，你就需要了解更复杂的合同细节、意向书（letters of intent，LOIs）、收入共享、预测、服务条款、谈判，等等。本节将详细讲述交易的缔约手续。

合同

在两家企业之间建立合作关系时，双方都要关注如何完成自己想要做的事情，获得对己方有利的交易条款，并将之作为决策是否成功的衡量标准。但合作的实质就是双方实际签订的合同。当你陷入困境的时候，你就很容易忽略对合约细节的约束，最重要的是要记住，直到合同签订之后，交易才会达成。

订立业务拓展合同的五个秘诀

菲利浦·尤班克斯（Phillip Eubanks）是由律师转行做业务拓展分析师的，就职于声破天公司。他有五个理解和订立合同的秘诀。不论合作关系的性质或合作双方的合作情况如何，这些建议都能广泛适用于任何合作关系。

1. **越简单越好**。"简单就是美"（keep it simple，stupid），即 KISS 设计原则。这一原则也适用于合作关系的合同签约。记住，合同应该阐明协议的关键条款，而不是更多条款。对于双方的预期应该有一个明确而准确的约定。有时候，合同中存在的一些复杂问题必须要在合同中予以清晰明了的解释，越简洁越好。
2. **尽量避免法律术语**。法律术语可能会令人望而生畏，交易的一方可能试图利用它来恐吓对方。你不要被吓到，如果可能的话，尽量避免使用这种语言。正如尤班克斯所说："只在必要的地方包含技术术语，不要过度使用'此外''前面提及的'诸如此类的连接词。"
3. **合同要规范**。随着公司的发展，你需要在执行这些合同时变得更有效率，这样你才不会在需求猛增时失去动力或制造瓶颈。规范的合同会更多关注交易的条款。随着公司的发展和合作的增加，标准化合同会使你精准地进行谈判，更容易达成交易。
4. **考虑与技术相关的条款**。合伙企业的专业人士一般倾向于合同中只包括有关经济和财务方面的细节。而你一定要将有关技术集成的条款纳入合同中。根据尤班克斯的说法："这并不意味着合同包含了关于技术集成的每一个细节。"相反，在需要双方共同合作的技术问题上,应该在合同中详细说明该过程将如何进行。常见的项目包括应用程序接口的集成、删除重复的电子邮件列表的删除,以及可销售资产的开发和所有权。

5. **保持合约的更新**。合作的目的不是创造一个一次性的交易。任何业务拓展专员都知道这是一场持久战。如果交易成功的话,他们的目标是续签合同。你要考虑在合同中有一个自动生效的条款,以便在不重新谈判的情况下延长高质量的合作关系。尤班克斯说:"关键是要以某种方式将双方合作的绩效表现纳入条款中,这样你就可以在对双方都无利的情况下,解除或重新谈判该协议,但也可以将合作关系扩展到那些明显表现良好的合作关系中。"

线上租房网站 RentHop 公司的律师兼业务拓展总监罗伯特·维斯(Rob Weiss)也曾警告说,交易双方都要警惕(并预先考虑)那些实际代表公司签订合同的人。他说:"不要以为你代表公司签字就是被公司授权了。如果你替公司签字,那另一方就有理由相信你被授权代表公司签字,这样公司就很难因你不是公司法定的授权签字人而从合同中全身而退。"

杰里米·施瓦兹(Jeremy Schwartz)是 Foursquare 公司的业务拓展经理和律师。他提醒我们律师可以对合同提出意见,但业务拓展专员才是最终那个必须执行和维护合同条款的人。"作为一名商人,你有责任阅读和理解整个合同。记住,你是那个必须承担后果的人。如果你有什么关于合同不懂的地方,就一定要问。"

意向书和保密协议

意向书和保密协议(nondisclosure agreements,NDAs)是在合同订立的不同阶段双方签署的两份标准文本。

任何进入大型科技创业公司办公室的人,都可能有过被要求签署保密协议的经历。保密协议是对签字人有着最基本约束力的一项协议,她/他不会透露其所看到的任何东西。根据尤班克斯的说法:"一份保密协议保护的是你非公开的商业信息不能被潜在合作伙伴未经授权地使用,它们有可能在探索过程中获取这些信息。"

意向书是关于交易更具体的执行和讨论。当两家公司开始讨论交易时,意向书就变得很重要。尤班克斯将意向书定义为"一份双方在正式合同执行前详细描述双方意图以及采取相关行动的协议"。意向书可以因各种各样的原因而被使用，例如，保护你避免与那些无意合作的伙伴沟通，以此节省你的时间。

什么时候签署保密协定和意向书

签署这两份文件的时机取决于你公司对保护产品的态度。如果你为了意向书或者保密协议而特地召开推介会，那你的潜在合作伙伴可能会因这一动作的侵略性而推迟合作。另一方面，这对保护你的专有信息来说是至关重要的。

尤班克斯建议，当你不再讨论一个抽象的合作关系，并开始详细讨论你的产品开发、公司的长期目标以及你在市场上能够保持的竞争优势时，你就可以考虑签下保密协议和意向书。在最初的推介演讲之后，你与对方还会有更多的会谈。通常情况下，这些会谈将涉及非公开资料的披露，因此拥有一份保密协议可以保护公司的信息。保密协议应明确说明双方各自希望分享的所有材料、知识产权或信息。意向书应该清楚地说明合同各方应采取什么样的行动来诚挚地为达成合作关系而努力。

如果合伙企业没有泄露大量的信息的可能，那就没有必要签署保密协议或者意向书。但在保护公司知识产权方面，最好还是谨慎行事。

时机选择

意向书，尤其是与业务拓展有关的意向书，应在合伙关系周期的相对较早时期签署。一般来说，在起草正式合同之前和在对潜在的合作关系进行重大投资之前，应拟订一份合作意向书。许多合作关系都需要进行一个重要的前期投资：增加个人资本、输出机密信息，并分析跨多个平台集成的可行性。重要的是要了解双方在进行大笔投资之前，是否真诚地追求与另一方的合作。这是意向书可以起作用的地方。这些文件常用来表达对合作伙伴的意图，并表示该方对谈判的态度是认真的。

对交易的另一方提供保密协议的时机是不同的。通常情况下，你会要求你的潜在合作伙伴在披露任何重要的非公开信息之前签署保密协议。大多数有法律顾问的公司都会有一个保密协议或者相关的模板。

警告

关于意向书的一个重要警告是，除了某些例外，它们对双方并没有法律的约束力。签订协议和就合同的最终条款达成一致是截然不同的两件事情。考虑到这一点，尤班克斯提醒我们，记住意向书的非终结性，"意向书中不需要包括双方会在签署意向书和最终合同期间内进行协商的交易条款（比如收入共享）"。

另一点需要注意的是，你要非常谨慎地签下意向书。根据韦斯的说法，很多意向书都附带有保密条款。因此，如果第三方意识到这一安排，就有可能危及该交易在证券法下的豁免。另外，如果交易的另一方认为你在利用意向书在其他地方获得更有利的交易的话，那你就可能会完全失去这笔交易。

服务条款

合作协议的服务条款通常会在主合同中列出，并详细说明交易的具体条款。它们不仅包括经济和技术方面的条款，还包括与合同如何执行相关的物流条款。合同中的服务条款在合同执行后仍然可以变更，但是这样做将涉及法律问题，并且需要在原始文件中添加一个附件。尤班克斯指出："附件应说明原合同中的任何条款将受到附件的影响，以及任何之前未考虑的新条款。附件通常反映原合同的内容，也会添加或修改原合同中的特定条款。"

该合作协议和服务条款还应包括一项条款，即双方承认，在收到所有必要的批准后，该条款将被执行。如果没有获得适当的批准，合同应当声明，交易可以予以解除。

最后，大多数服务条款包括终止部分合作的条款。尽管双方都本着良好的意愿，但可能会有一段时间，这种合作关系不再是互惠互利的。根据尤班克斯的说法，这正是届满条款发挥作用的地方。"届满条款应该考虑如何在合作关系解散的情况下分配资产，或许更重要的是，客户将如何在不受任何服务中断的情况下继续成为你的客户。"

收入共享

在早期的合作关系和当前的惯例下，与一些大品牌合作时，就会形成壁垒。这些品牌需要达成一种交易，以消除一些规模较小、更具创新性的公司与它们建立合作关系。这些协议将涉及与一些大品牌合作伙伴合作时所需的预付款，其理念是，一旦拥有了品牌名称，规模较小的实体就可以赚回它所支付的费用。过去，大公司只能与其他大公司合作，因为它们是唯一有能力这么做的公司。

虽然这种情况仍然会发生在与 NFL 或其他体育联盟的某些合作关系中，但在某些行业，一些较小的公司已经可以与较大的企业合作，而无须面对这一主要壁垒。双方不再需要预先支付款项，而是可以进行收入共享。

来自 Foursquare 公司的埃里克·弗里德曼分享了自己大量的关于收入共享的合作经验：

> 一般来说，在建立收入共享机制的时候，对于客户来说，会产生固定的费用。例如，如果你与合作伙伴一起工作，并且最终将客户发送给该合作伙伴，那么你应该对每个新客户收取一个事先商定好的费用。我见过的最极端的例子是 70/30 的占比，70% 的人会去找合作伙伴，完成大部分的交易，30% 的人会去找投资，也许还会带来客户。对于正在进行一场收入共享合作谈判的业务拓展专员来说，70/30 的占比为你提供了一个谈判的起点。我曾达成过自己占 70%、对方占 30% 的交易，也有其他人占 70%、自己占 30% 的交易。

收入共享协议

作为一家小公司的业务拓展人员，随着公司的发展壮大，你的能力和共享收入的需求会随着时间的推移而改变。在签订合同的时候，大公司可能对你产生很大的影响力。但是一年后，条款可能会被改变。根据尤班克斯的说法，在预先设定的时间到期之后，你应该争取双方就收入共享协议进行重新谈判，以确保公司的变革。另一方面，如果你认为你公司在市场的定位会进一步恶化，那你就应该提前锁定一个较长期的协议。

当你拥有同样的优势和价值的时候，你也应该试着与一家公司合作。合作双方的优势互补和需求应该是双向的，每个合作伙伴都应该能从中受益。因此，尽可能让收入分配得更为公平。50/50 的收入分割总是可取的。

此外，收入分配应该与业绩挂钩。当完成交易合同签署时，双方都应该为合作伙伴带来同等价值。但随着时间的推移，可能合作一方会比另一方提供更多的价值。因此，收入分配协议应该有一个条款，将结果与利润挂钩，从而使交易双方都有动力去履行其职责。这可以通过细化合同中的某些标准来实现。一旦达到这些标准，就可以重新谈判。

弗里德曼说，实时追踪所确定的业绩指标是至关重要的，因为它已经经过交易双方仔细的检查和审查。对弗里德曼来说，可以以几种不同的方式进行追踪：首先，你可以通过 URL 追踪推介；其次，你可以使用应用程序接口来追踪，通过使用特定键来进行操作；再次，月度或季度追踪可以由一个指定的合作伙伴来完成；最后，你可以追踪一个特定产品总收入的百分比，而这个产品只有通过这一方式才能获得，只有这样，你才知道这是交易的一部分。

收入分配协议的条款应该是无懈可击、没有解释的余地的。根据韦斯的说法，你需要确保价格条款和协议的有效期在计算和期限方面是清晰的。此外，你还需要了解收入共享方面的治理条款安排。

最后，应该在合同中明确地予以实际支付结构和支付机制详细说明。"尽管每笔交易都有细微的差别，"尤班克斯说，"但一般来说，都应该有衡量合作表现的相关指标，应该定期测量这样的绩效，并指定付款期限。"

预测

当你开始讨论合作关系时，对方通常会想了解你的财务状况，并了解你的公司的发展方向。这对另一方来说是公平的，所以你应该准备好具有前瞻性的陈述来说明你的财务状况，即使你是一家全新的公司。因此，预测成为一项重要的技能。我们不会深入研究财务预测的机制，但韦斯提出了以下五项建议。

1. **了解你的听众。** 在你对任何目标做出预测之前（无论是销售预测、单位财务，还是其他），需要考虑谁会收到该预测，以及他们使用这些预测的目的。特别是，如果预测是向当前或潜在的投资者提供的，你应该谨慎地考虑（a）预测的合理性和（b）你用来创建它们的方法。如果你故意或不小心伪造了向投资者提交的信息，那你就要为自己和公司承担证券法方面的责任。

2. **确保机密性**。预测应该是保密的。交易的另一方应该在看到预测之前签署一份保密协议，因为这不可避免地需要材料的非公开信息。
3. **了解贵公司的会计制度**。虽然你不需要理解复杂的会计，但关键在于你要有一个基本的、你公司选择采用的会计标准。通过这种方式，你可以在交易时避免发生冲突。
4. **面对现实**。我们在预测时很容易乐观，希望得到最好的结果，却很少期望最坏的结果。但韦斯警告说，与任何事情一样，过于乐观可能意味着失去信誉。
5. **预测之后的真实情况**。预测仅仅是预测而已，潜在的风险和打击性的障碍依然存在。要认清事实，即这些只是一些前瞻性的陈述，而不是福音。

谈判

谈判就像推介一样，是一种在你的日常生活中经常发生的事情。在业务拓展的过程中，交易的每一步都会涉及谈判，从设定推介的日期和时间开始，一直持续体现在交易谈判和合同谈判过程中。我们需要遵循一些谈判原则，特别是在谈判合作协议的交易条款时。

首先，除非你想失去这笔交易，否则不要谈判。一旦你开启交易条款的谈判，你就会冒着对方逃跑的风险。与其他任何事情一样，当你表达对交易条款的不满时，对方可能就会不愿意谈判。同样，你不要害怕放弃交易。在你的脑海中或纸上，列出一份你方无法谈判的条款清单。正如我们在前面讨论的那样，如果交易没有让你的目标达成，或者你的直觉告诉你这不是正确的交易，那么就放弃交易。你应该知道，如果这笔交易对你的公司来说是正确的，那么你应该考虑六个月或一年之后的潜在结果。正如尤班克斯所说："交易的成功并不是在签署协议的时候被确认的，而是在交易成熟后的几个月或几年之后，它对组织的影响才会显现出来。"不要签署一份连你都不会感到满意的糟糕协议。

其次，做长久打算，从长远的角度考虑这笔交易对你的公司意味着什么。就目前和将来都对双方有利的条款进行谈判。例如，谈判某一项协议对你和你的公司来说是件好事，但并不适合你的合作伙伴，那这有可能会耗费一段时间。但也有人说，职业生涯很长，因此你有足够的时间来和你合作的人协商，让其认同你的观点。此外，如果你谈判的交易对你的合作伙伴不那么有利，那对方可能就没有那么大的动力去支持这一交易。只有让另一方相信，你和他都有110%的收益才行。

再次，询问你需要什么，你想要什么，你认为你能得到什么。在谈判中认清现实，表现出一种谦虚的态度，这将会让对方感到亲切。你可以在对方提出比你想象的更富有侵略性的请求时打感情牌，并确认你能解决此类问题。

韦斯建议双方都应该寻找"双赢"的局面。当然，为了达成协议，应该保证这对双方都是有益的。但韦斯提醒我们："共识（共同关心的点）将有助于合作双方建立商誉和动力。当谈判双方之间存在很多的争议点时，这就能派上用场。而其中一方势必需要做出痛苦的让步。"

施瓦兹证实了这一观点："要明白成功的谈判并不需要你'赢'和你的对手'输'的结果。如果你理解了与你自己的业务和战略有关的交易的逻辑，那么成功的谈判就可以被定义为符合你逻辑的谈判。你没有必要从对手那里榨取最大限度的钱或让步。"

杰瑞德·科恩（Jared Cohen）是 Kickstarter 公司前首席运营副总裁和总顾问，现任 See.me 首席运营官和首席顾问。他主张让你的律师参与进来。有时候，法律团队会被视为成功的障碍，甚至是达成交易的障碍，但事实恰恰相反。一个好的法律团队可以帮助达成协议，一个坏的律师团队则可能成为一个障碍。他认为最好的局面是交易团队和法律团队紧密合作并进行良好的沟通。

正如尤班克斯所指出的，最糟糕的情况通常都是发生在谈判达成后，双方都做出了妥协，但协议的条款在法律上完全是不可能实施的。这可能让双方看起来都好像没有尽职尽责做调查。在整个谈判过程中，你应该保持谦逊，以确保双方的保护条款得以顺利实施。

如果你没有尽早通知你的律师，那事情就会变得很糟。安迪·法瑞斯（Andrew Ferenci）是一位连续三次创业的企业家，在他身上就曾发生过这样的事情。"我们之间的合作进行得非常默契，我们在交易的各个方面都取得了巨大的进展，比如，收入共享、产品愿景、原型、市场营销策略以及品牌合作伙伴等方面。"

这桩交易大约持续了六个月的时间，每个人都参与其中，最后的协议签署也是合法的，但由于最近为社交网络的开发者应用程序接口服务的条款，让我们发现我们的产品处在一个合法的"灰色地带"。而我们这个合作的产品严重依赖于社交网络的应用程序接口。一旦一家上市公司的律师质疑这种性质……他们就会倾向于规避风险。这笔交易最终只能被取消。

最后提醒一点，千万不要感情用事。你会发现自己也有可能成为被谈判的对象，所以要充分尊重对方。

开启合作和复合效应

一旦你签署了一份合作协议，那就就意味着该合作关系的启动。这需要你最终确定你的启动策略和物流策略，并且充分利用合作关系。

预先启动

你怎么知道什么时候启动合作关系？通常情况下，合作关系会在最佳的时机被公布。

在启动合作关系时，你通常会设定交易生效的日期或时间，从而能帮助你和合作伙伴倒推出完成任务的时间表。如果感受到这种截止期限的压力，那合作伙伴就会迅速做出反应，并会采取激励措施来启动合作关系。

说服合作伙伴进行尝试

如果你没有足够的数据或足够的合作伙伴来证明你尝试达成的交易，那么说服合作伙伴进行尝试是最好的选择。即在大型合作关系公布之前尝试进行合作，这就像是在完成全部交易之前进行的试运行。当你有一个未经证实的产品时，你有时需要说服潜在的合作伙伴在完成交易之前做一系列的测试。进行试点合作的做法非常普遍，尤其是在不能承担产品或合作伙伴风险的大型或更复杂的实体企业中。以有限的方式做一个试点可以让产品在没有全部完成的情况下进行测试。

例如，Yelp 网的迈克·加福瑞在其所有的 TrialPay 公司（一家试用品营销公司）当中就策划了这样一次试点合作。电子商务支付网站是交易广告支付领域的领导者，就像 Facebook 开始需要在其网站上进行商业支付一样。为了换取 Facebook 的信任，

TrialPay 将安排 Facebook 用户在该网站上查看广告客户的内容。例如，用户将注册通过从 TrialPay 进行投放的奈飞公司的账户而获得 Facebook 的信用额度。这为奈飞公司赢得了客户，也为 Facebook 提高了用户参与度，TrialPay 在其中提供的解决方案如下：

> TrialPay 和 Facebook 之间的合作关系首先是试点分销合作关系。Facebook 拥有超过 1 亿的用户，而其用户并不想立即向所有人展示自己。他们想要确保 TrialPay 的转换指标正是他们所期待的。这样他们才非常乐意将其推出。在确保事情能够正常推进和扩展的阶段，进行开始基于交易的尝试是非常普遍的。

进行试点合作的另一个例子是 2012 年 Square 和星巴克之间的交易。正如我们在第 2 章介绍的那样，主要的咖啡零售商通过使用 Square 在几个试点接受付款来尝试合作，一旦此举成功，计划实施的范围就会扩大。

在同意进行试点合作前必须解决的一件事就是衡量成功的标准。什么是成功的标准？在这个过程中，通常要对试点进行仔细的测量和审查，双方要就一定的基准达成一致，一旦这些基准达成，双方的关系就将转化为全面的合作关系。通常情况下，成功的标准可以以获得的用户数量和产生的收益金额为基础进行量化，这是双方都需要达到的标准，是为了让双方都能说"我们正在做某件事"。其实大致有两种量化情况，即交易带来了多少用户、交易赚了或节省了多少钱。把数字赋予成功的意义上来作为衡量成功的标准。

最后，为了说服合作伙伴进行试点，你还需要评估如何消除尽可能多的障碍，以完成交易试验。这其中涉及减少整合时间、降低支付成本以促成交易。你清除的障碍越多，达成交易的机会也就越大。如果你能扫清足够多的障碍，那你就有可能最终获得一个完整的交易，并且无须因开展试点合作而放慢速度了。

启动并对外公布合作关系

关于合作的协商讨论通常是在非公开的会议上进行的，一旦协议签署并且时机合适的话，就可以对外公布彼此之间的合作了。以下是关于如何启动合作关系的几种方法。

产品合作关系的启动

如果你正在发布一项新功能，并且你有许多可以整合的第三方，那么将公告同时发送给几家媒体将是传播新闻的最佳方式。有时候，像世界上主要的报纸或出版物等大型媒体占据了传播的主导地位，小型媒体（如科技博客）会紧随它们的脚步。例如，Yelp 网与 Eat24 和 Delivery.com 合作推出新的食品订购平台的信息就是通过 Business Insider，Next Web 和 VentureBeat 等网站广泛传播的。

如果你要与多个发布合作伙伴一起推出一项功能，最好的策略之一是让每个发布商从不同的角度、以故事的形式讲述这项功能。如我们将在第 4 章中所讲述的，在保持事实和故事情节一致的情况下对故事的形式稍加改变，能够让多种对外传播渠道能够迎合其受众的特征，并提供略微不同的见解，以避免冗余。

品牌和分销合作关系的启动

如果你不是在发布一项功能，而是宣布要与一个主要合作伙伴建立品牌合作关系或分销合作关系，那么你就要根据合作关系的规模和目标，来选择一个渠道并给予其独家报道的权力。而如果其他渠道想要关注，它们也会紧跟报道。

如果你没有什么重要的声明，而且合作伙伴不是一家大公司（这不是一件坏事，只是一个事实），你应该写一篇博客文章，将它包含在下一次发布中发给你的用户，并在 Facebook、Twitter 和其他社交网站上分享。你应该自始至终通过向你的用户群发布合作伙伴的消息来促进你的产品整合。

公布合作关系的复合效应

在本书前面的章节中，我们谈到了网络的复合效应。如果你对合适的人进行推介，那么这次推介就可以引来更多的推介，从而产生积极的复合效应。

同样的概念也适用于合作关系。通常情况下，当那些整合到你的应用程序接口的人做得很好时，其他人也会注意到。如果这对他们有用且有帮助的话，他们也会想要整合到你的应用程序接口上来。这就是为什么我们喜欢与公司合作推出新产品，而不是单独发布产品的原因。虽然这可能会使推出产品的时间延迟一个月左右，但它能够产生复合效应。由于企业通常希望了解你已和谁合作过，以及当前的产品应用方式如何，所以如果没有合作（特别是如果你的业务是由合作关系和产品共同驱动的），那么单独推出产品可能表明产品存在某些使用缺陷。另外，当你被问及时，你没有任何借口说明为什么在发布产品时你没有任何合作伙伴。

总之，你要学会的是：与合作伙伴进行整合发布。这些合作伙伴将帮助你的整合产生复合效应，并进一步为你的业务提供证明。

成功启动合作关系后

假设你已成功启动你们之间的合作关系，并且你的合作伙伴对结果非常满意，那么你必须对合作关系进行持续的监控，并让你的合作伙伴继续保持满意度。同时，也要确保你的合作伙伴的支持是非常出色的！并学会倾听合作伙伴的反馈。一旦你拥有一些有价值的东西，那么你的竞争对手很可能就会制造出与你产品相类似的产品来，与你竞争同一笔生意。此外，你也有可能最终会选择与你的合作伙伴相类似的公司进行合作。正如 Walker & Company 的创始人特里斯坦·沃克所说，每瓶可口可乐旁边都有一瓶百事可乐。如果你能让它们中的一个与你合作，那另一个也会紧随其后。

将你的合作伙伴的反馈转化为针对其他公司的改进解决方案，因为这将帮助你持续获得并保持该项业务。在合作关系中要做到真正倾听，以确保你的合作伙伴不会转而与你的竞争对手合作。另外，不要害怕给予你的合作伙伴一些关于整合的反馈，特别是和产品相关的反馈。但是，如果合作看起来有点偏离正轨，那就请小心行事。例如，Aviary 的合作伙伴开始使用应用程序接口在其网站上启用照片编辑功能，但将其隐藏在网站难以触及的下拉菜单中，这使该网站的用户体验受到影响。Aviary 的业务开发团队负责人向合作伙伴展示了如何对此进行改进。最终，功能被完善，合作关系在对接过程中也得到了加强。

如何成功地维护交易

当人们谈论推介和达成交易时，他们首先关注的是推介，然后才是达成交易。

一旦交易达成，他们就认为交易的所有工作都已完成。但事实恰恰相反！达成交易只是整个交易过程阶段性的结束。而交易的后续工作执行到位和维护好合作关系，对于确保合约成功以及公司利益同样重要。

交易的后续工作实际上就是要确保产品的整合、对外公布合作或商业变现等策略按照交易完成时约定的方式执行到位。正如我们在第1章中所描述的那样，这通常涉及公司的开发人员或产品专家的繁重工作，他们通过密切合作来督促任何需要进行整合的工作。此外，业务拓展专员在合作开发过程中必须始终与合作伙伴保持联系，以确保后续工作能够正确进行。

尽管我们已经说过很多次，但依旧值得重申的是：如果利润可观，你的竞争对手可能就会有和你争夺同一笔生意。维护好合作关系意味着不仅要努力实现顺利的整合，还要防止竞争对手夺走你的合作伙伴。正如我们在前面中提到的那样，排他性条款并不一定是合作关系中的一个给定条件，因此，你要确保你在维护合作关系方面做得很好，以便合作伙伴选择你和你的产品而放弃你的竞争对手。

维护好与合作伙伴的关系意味着在交易双方之间建立忠诚关系，以便你可以相信你和你的合作伙伴将继续合作并建立共生关系。也就是说，即便你的合作伙伴和你的竞争对手接触，竞争对手开出了更好的交易条件，他们也不会与你的竞争对手合作。正如我们在前面中所讨论的，确保忠诚比达成交易更重要。迈克·加福瑞提到，对他以及Yelp网的同事来说，如果与Yelp网合作并不适合对方，那维护与它们的关系并对之保持忠诚度，比与之合作更重要。

排他性问题有时会纳入合作协议当中。有时候，制定禁止双方与其他合作伙伴进行类似交易的排他协议是有必要的。但多数情况下，业务拓展专员的目标是让另一方感到很舒服，并对彼此的工作关系感到满意，从而使排他条款变得没必要了。

即便排他性是必要的，也没必要让其在整个合作期间一直持续。通常是在某段时间内，合约是排他的，但在几个月或几年之后就会自动失效。这是确保你的交易在短期内得到维护的方式之一，同时也为双方提供了长期的灵活性。

如果你正在与你的合作伙伴携手合作，你可能会收到一些反馈意见，尤其是在涉及整合的情况下。但是，正如你可能在专业审查期内会寻找同行反馈一样，你也需要征求合作伙伴的专业反馈，了解你可以做些什么，以便更好地满足它们的需求。

正如我们在第2章中所讨论的那样，不要害怕就你正在做的事给予你的合作伙伴反馈。这可能会在与该合作伙伴合作的过程中很自然地发生，为合作伙伴提供更进一步的反馈并不是不可接受的，但要小心行事。

例如，如果你看到产品整合正在以某种方式实施，根据以前的经验，你知道这不会成功，那请将其告知你的合作伙伴。无论是否是因合作伙伴没有及时修正什么而引起的问题，不要害怕将此说出来，因为整合表现不佳会浪费每个人的时间。但是，当你提供有关改进的反馈意见时，请在将意见发给合作伙伴之前先在自己的团队中达成共识。

请记住一定要在不诋毁合作伙伴的前提下提供反馈。另一方面，隐瞒来自合作伙伴的反馈可能导致时间和精力的浪费。

如何成功地维护交易

怎样才能算是成功地完成了交易的后续工作？我们可以用一些例子来描述。想象一下，另一家公司发布的竞争产品被认为比你目前的产品要好很多。出于对你业务的担心，你可能会打电话给你的合作伙伴，向它们保证你的公司是可靠的，并且你正计划增添一些附加功能来满足他们的要求。在这个例子中，如果你的合作伙伴愿意给你一个宽限期让你的产品达到标准甚至接近标准，那么你就已经完成了维护交易的一项决定性工作。以积极的态度主动跟你的合作伙伴接触，可以让他们安心，鼓励他们用心而不是用大脑去进行思考。

最终，如果你能够长期维护这笔生意，将会发生什么？随着公司的成熟和不断发展，你很有可能会让客户经理承担维护合作关系的责任，并继续保持合作伙伴的满意度。这些客户经理能够通过倾听合作伙伴的需求来维护交易，并与团队分享，致力于提供解决方案，最终让合作伙伴感到满意。如果公司足够大或需要大量的团队，业务拓展团队可能会为每家大型的合作伙伴提供一名客户经理。

维护交易失败

未能维持交易的原因归结起来就是忠诚度问题。当然，失败可以通过几种方式表现出来，但是未能达成目标或未完成手头任务，未必会导致协议不能继续下去。如果不能维护这种关系或者无法建立长期的合作关系，那么合作伙伴就会灰心，不再愿意与你合作，这也意味着这笔交易确实失败了。

另外，如果你不幸丢掉了这笔生意，不要惊慌失措。对合作伙伴永远保持和蔼可亲的态度。道歉是无法满足你的合作伙伴的期望的。永远也不要诋毁交易的另一方。如果交易对方是一个小型的合作伙伴，那就不必投入太多精力。如果是大型合作伙伴（并且可能具有新闻价值），那就尝试抢先与新闻媒体联络，从你的角度去解释到底发生了什么。

牢记你失去某个合作伙伴的原因。产品或产品支持都可能会出现问题。对团队内部，你要告诉大家到底是什么地方出了问题，以及问题是如何发生的，然后制订解决问题的项目计划。对团队外部，如果你知道新闻媒体将会获得你维护交易失败的消息，那么请选择一家你熟悉的媒体，并率先告知它你的情况。

这样你就可以控制消息的传播，而不必进行危机处理，或让自己看起来没那么被动。但最重要的是，千万不要说合作伙伴不好。如果你不确定你的说辞是否对合作伙伴不利，那你就需要判断这是否会引导别人对此的猜测与想象。通常，从自身的情况出发去描述情节比在不合时宜的情况下让大家看到表面现象要好。

你可以使用打折销售你的产品、与你的合作伙伴共同进餐或者其他的交易技巧来维护交易，但这一切都要能确保你的产品或服务可以继续满足你的合作伙伴的需求。只有你做到了这一点，维护交易才应该不成问题。

第 4 章

最佳实践：准备和执行交易

商业引荐的最佳实践

没有引荐，公司之间的合作就不存在。在商业世界里，你不可能仅仅依靠你所拥有或培养的关系网来生存，自我介绍也常常能得到回报。

进行商业引荐与建立个人关系截然不同，你需要用心去思考如何促成商业引荐。请记住，介绍是相互的，因此，商业引荐既反映了进行介绍的人也反映了被介绍的双方。

引荐：背景和进展

引荐通常是由一方提出的，极少通过双方。因此，你通常只知道被引荐的一方有兴趣与对方会面，并不知道对方的意向。并且双方无论在资历、经验、知识层面还是专业知识方面通常都会存在不平衡。

因此，在进行介绍之前，最好询问双方是否愿意被引荐。如果其中一方对引荐无意，他就不太可能做出回应。我们通常不主张盲目的引荐，这有可能引起混乱。因此，引荐取决于你对所涉及的双方的了解程度。如果你想找一个人帮你做引荐，唯一合理的情况是，这个人是你的私人朋友或同事，这样你就没有必要去问对方是否愿意成为你的介绍人了。否则，你最好还是先向他发一条短信比较好（可能他会疑惑这是谁），你应该征得他同意后再进行介绍。

介绍有以下两种形式：

1. 让别人把你介绍给他认识的人；
2. 在你认识的两个人之间做引荐。

在第一类介绍中，尽可能清楚地说明为什么你需要介绍人为你做引荐。这意味着你需要通过告诉介绍人你想要从联系中获得什么，以及为什么需要他/她的帮助，以此来为介绍人提供一些联系的背景信息。如果你想要通过电子邮件式进行介绍，那可以让他转发你的邮件，或者在底部添加一条信息，这样他就可以将邮件复制粘贴到他的"请求介绍"的邮件中了。

下面是一封介绍邮件的范例。

第 4 章 最佳实践：准备和执行交易

请求介绍某人

主题：能否介绍我与 Z 公司的 Y 认识

嗨，X，

我希望一切都好！（保留这句话。）

我在领英上了解到你认识 Z 公司的 Y，你了解她吗？

我们（插入你的公司名称）正在从事 A 工作，我们认为因为 B 原因，（插入人或其他公司名称）将对我们所从事的工作感兴趣。

如果你能介绍一下，请告诉我。不要太为难。我们只是想认识一下。

十分感谢！

W

第二种介绍方式是你提出介绍两个人认识，你认为他们会从彼此的了解中受益。对于此类介绍，你要确保你为双方提供了其需要的所有相关信息，以便他们决定是否要引荐。重要的信息包括你想要介绍他们认识的原因，以及你介绍给他的人会对他有何帮助，反之亦然。

一旦双方都同意互相认识，那是时候进行介绍了。介绍邮件应该简洁，特别是因为双方都很期待。其内容应该包括双方明确的信息、你要介绍彼此认识的原因，尽管双方都已经知道这些。

下面是关于介绍双方认识的一个范例。

做介绍

主题：介绍 A 公司的 X 和 B 公司的 Y 认识

X 和 Y，你们两个应该见面。

你们都在从事能够从彼此的专业知识中获益的项目。我相信你们彼此的认识会让你们两个都满载而归。

祝好！

Z

站在你不认识的人面前

就像我们在第 3 章中所讨论的,业务拓展是一门与不同公司的人合作、说服他们相信他们应该与你合作的艺术。然而,在许多情况下,这意味着尽管人际交往有助于你拓展人脉,但你必须与你不认识的人打交道并保持联系。

我们有各种各样的办法和策略来与某人取得联系。这都和个人偏好有关。根据我们在第 1 章中讨论的内容,以下五个方法可以帮助你和别人取得联系。

暖心的介绍

看看你的社交网络,看看你的哪些朋友或同事与你想要认识的人有联系。然后联系你的那位朋友,向他解释你为什么想和那个人认识。如果你的请求是合理的(如果你的朋友与那个人的关系足够紧密),那他通常会乐意做介绍的。

参加同一个活动

如第 1 章中所讨论的,试图找到这个人将要出席或主持的活动。你可以通过寻找客户列表、业务拓展领域或行业常规的活动来实现这一点。通常情况下,你想要见的人至少每年会在此类活动中服务一次。如果那个人恰好是活动的嘉宾,而且活动出席者的名单是公开的,那你就能用我们在第 1 章中提到的技巧,找到他并做自我介绍。另一方面,如果这个人在某一小组里工作,那听他说什么,等到小组活动结束后再做自我介绍。这样,你就有了交谈的切入点和话题。

发邮件

大多数电子邮件地址很容易在网上找到。如果你找不到电子邮件地址,那就去找公司里其他人的邮件地址组成结构(例如,名字@××××.com、名字的首字母+姓氏@××××.com、名字.姓氏@××××.com 等)。一旦你获得了对方的电子邮件地址,就把你想说的话写到邮件中一并发送出去。大多数人只会读几句话(即使他们认识你),所以一定要让每一个措辞都有意义(保持在五句或更少)!

吸引他

利用简短的 140 个字的介绍吸引他人的注意力,确保你给了他一个关注你的方法，让他可以通过电子邮件或信息找到你，以了解更多的信息。

打电话

打电话给你想要联系的人。每家公司都会留有一个电话号码，向你想要联络的人提问，给他留下最好的印象。

当你和一个你不太了解或者从未见过面的人说话时，一定要为你们的互动设定一个简洁的目标。不仅要谈论你准备好的具体要求，还要谈论你自己和你的公司。因为你是整个公司的代表，所以一定要为你的职位和公司的目标提供背景和说明。

避免陷阱

在做介绍时要注意的一个潜在的错误是妨碍了双方。如果你遵循最佳实践并获得双方的同意，那你就应该让所有人都在同一频道上来对话。如果是这样的话，介绍应该简短而温暖。更多的内容是没有必要的。

在介绍的时候，最糟糕的陷阱之一就是在没有人或双方都不知情的情况下进行介绍。盲目地介绍他人和把他人强行纳入你的人际网，会让你很快失去社会信誉。避免这种情况的最好方法是通过与双方的沟通，来确保他们都知道即将发生的事。如果这种情况发生在你身上，你可能会因为邮件的唐突而推迟介绍，你可以在被介绍之前征询一下你的请求。

主动接触与通信

正如我们在第 1 章中所描述的，业务拓展专员在一个良好的关系网中表现得更出色。当你的关系网不够完善的时候，你需要完善自己的关系网，这样你才可以拓展关系网。与你以前没有联系过的人取得联系是一门艺术，这取决于你与那个人的间接联系。

正如我们在第 2 章中所讨论的，在你确定了合适的人之后，你要考虑与那个人取得联系的更具策略性的方法。以下这些技巧能够帮助你成功地接触到那些不一定知道你是谁或你公司在做什么的第三方。

不会有人主动上门

除非你的公司是一家拥有良好记录的一流企业，或者是一个蒸蒸日上的热门网站，否则，任何人，更别说是合适的人，都很少会主动问及你的项目或你的创业公司。即使你有一个非常棒的成熟的产品理念，你被你需要的人问到或帮助的可能性也很低。

冰冷的接触

不论你与谁接触，不管你对他有多了解，你的目标都是充分利用对方的时间，适当地向他推销你的想法。正如我们在第3章中所讨论的，"冰冷的接触"可以是一封电子邮件、一个自我介绍，或是一个来自你从未谋面的人的问询。通常情况下，之所以造成冰冷的接触是因为你们很少（如果有的话）相互联系，每次联系都不足以称之为温暖的介绍。

没人愿意为冰冷的接触买账，那只是卖弄的挑逗。让你的邮件简短而有趣，从而让对方对你更有兴趣。因为冰冷的接触背后并没有任何介绍做支持，所以一开始接触就需要具备引人注意和令人信服的观点，最终目的就是让对方做出回应，而不是让她买你要卖的东西。一个简单的回答就足以让对话进行下去，或者让你自己成为一个联系人。

当你下次想要盲目地与某人接触时，请记住少即是多。你唯一的目标就是让对方做出回应。要一步一步循序渐进地接触对方。

以下是一封冰冷接触的电子邮件示例。

主题：公司1与公司2的接触

嗨，X，

尽管我们从未谋面，但我想向你介绍我自己。我是W，为Z公司工作，并主导Y产品的开发。

我看到了你们公司所运行的一款应用程序，我希望我们能建立联系。

> 公司 1 发布了 B（链接）。我觉得和你一起开发 C 会很棒。这将有利于 D。
>
> 你还在开发 E 吗？如果是这样的话，我很乐意和你聊聊。我盼望着在不久的将来能收到你的回信。
>
> 祝好！
>
> W

什么是不该做的

创业公司和大公司一样，当潜在的合作伙伴通过采用"遍地开花式"的方法来激发合作伙伴的兴趣时，业务拓展周期的某个阶段就会出现。通过这种方法，个人或一个合法的组织，甚至自我推销者，都可以将同样的信息发送给一家公司不同部门的人（撒网），希望他们当中的一位能做出回应（祈祷）。虽然你可能会认为，多与公司里的几个人接触能够提高反应速度，但这种信息却显得很不真诚。遍地开花式的接触策略很有可能会被贴上垃圾邮件的标签，让人讨厌，或者让对方认为你在接洽之前没有做好准备。

专业的圈子很小，人们通常会互相交流。他们相互转发邮件、讲故事。通常，人们会快速群发一封相似的邮件给很多人。如果一封遍地开花式的电子邮件被发送给某家公司的许多人，它将被多次转发给正确的人，那那个人可能就会认识到，最初发邮件的人使用这个"垃圾邮件"来等待结果。因此，接收者可能会完全忽略这封电子邮件，或者并对邮件发送者产生不好的印象。

因此，忘掉遍地开花式的策略吧。做一些调查，找出你真正需要联系的人，写一封富有创意而又简洁的邮件，只发给一个人！如果你在一周左右的时间都没有收到回复，那就用简洁明了的方式再试一次。如果一周后你依然没有收到回复，那就再去找别人。记住，一次只联系一个人。

电子邮件通信

无论你最初是与不认识的人接触，还是与你所在团队的成员进行沟通，你的电子邮件都能反映出你的行为举止和工作习惯。

电子邮件必然能体现出人们的不同习惯。了解你所面对的是怎样的人，这将对你的自信和期望有很大的帮助。

快速回应

快速回应者指的是在两小时内回复每一封邮件的人。回复内容不一定是冗长或全面的，只不过可能她的手机邮箱可以随时接收邮件，所以可以很快进行回复。在大多数情况下，这是很常见的。不管回应是否对你有利，得到回答总比对方保持沉默要好。

有几种类型的人属于快速回应者：一种是只有当他认识你的时候，他才会迅速回应你的请求；另一种是，即使他不认识你，他也会很快地回复你。这些人通常是仁慈而慷慨的，并且愿意用他们的方式做出回应。这种类型的回应者唯一的缺点是，经常"在线"导致他们没有工作以外的时间，并且随时处于忙碌中，他们未必能给出一个最彻底的答复。

一天一次的回应

这类人通常会在早上或晚上回复所有的邮件，但一天只回复邮件一到两次。白天，他会浏览收件箱，只回复那些紧急的电子邮件（当天的会议、家庭事宜等）。这个人可能是一个习惯早起或晚睡的人。对于任务繁重的专业人员来说，这无疑是一种最容易管理和最常见的电子邮件通信模式。

有组织的回应

这类人通常使用收件箱过滤器来筛选邮件，在这个过程中需要采用精确的颜色编码和优先处理邮件策略。他们的邮件可以被看作一个混合体，过滤器让这些邮件当中的一部分得到快速回复，一部分被一天回应一次，还有一部分则永远得不到回复。电子邮件的组织和排序是一项令人羡慕的天赋，可能需要多年的训练才能得以完善。

邮件积累到一定数量后的回应

这类人一直等收到大量的电子邮件（有时甚至是成百上千）后才开始回复。你可能会等上几周甚至几个月才会收到他的来信，并且她/他会回复你所有的邮件，导致你收件箱的数量猛增。

如果你足够幸运、能在合适的时机联系到这个人（当她/他最终回复邮件的时候），你就会在短时间内收到她/他的快速回应和回复。然而，大多数情况下，你的邮件会在消失在她/他的收件箱里。

这不是这类人的错，她/他可能是一家公司的创始人，或者是一个没有助理的高管，她/他有太多的邮件需要迅速回应。指望这样的人回复大部分邮件是不公平的。他们可能要不分昼夜地开会，有很多内部事务要处理（做演讲、开董事会等），花几个小时回复邮件并不是他们的首要任务。对于这种类型的应答者，最好有其他的途径来联系他们（微信、短信或电话），如果他们知道真的需要与某人见面的话，那他们会自己想办法的。

如果你给某人发电子邮件，他的收件箱经常爆满，或者他每周才回复一次，谈论的是你邮件中非核心的东西，那么你需要做好定期跟进此邮件的记录，这样你就能在合适的时机出现在那个人的回复通讯录上。如果你因某些原因，碰巧在错误的时间碰到了这个人，跟进记录也可以让一切回到正轨上来。

通信的内容

电子邮件的长度与回复速度之间有着某种非正式的关联。以我们的经验来看，电子邮件写得越短，在24小时内得到回复的可能性就越高。许多较长的电子邮件经常是得不到回复的，特别是在别人不熟悉你的情况下。

初入职场或新晋领导者的专业人士普遍存在的误区是，他们必须写冗长的电子邮件，并给出冗长的解释。其实，特别是在最初的沟通中，简短而有力的内容比冗长繁杂的要好得多。不管收件人是否知道你，大多数邮件的目标都是要得到回复。让对方尽可能简单地回复你的邮件很重要。

在介绍或冰冷的接触之后，业务拓展专员经常面临一个难题是，是否开始新的电子邮件跟进，即要么放弃一些最初的联系，要么从邮件往来中删除一些陈旧的内容。大多数情况下，如果通信是有规律的，或者在以前的邮件中有重要的历史记录，那么最好的做法是继续保持往来。即使是几个月后的跟进，继续邮件的往来，也可以使对方更容易记住沟通的情况。

开始新的通信往来的恰当时机是，你正在尝试与另一方讨论一个全新的主题或话题。这个新的进程允许进行一次全新的会话。启动新的通信往来的另一个时机是，如果你在一个旧的邮件进程中做出了响应，却没有得到关注。在大多数电子邮件客户端，一个新进程可能会比一个有多次通信往来的邮件更容易获得关注。这可能是一种成功的逐渐恢复谈话的方式。

跟进以及其他保持一致性的最佳实践

一旦你掌握了接触的艺术，你就能从你新发现的联系中得到积极的回应。如何在与对方接触后继续跟进联系，这无疑需要你具备更多的技能，需要你去建立和维护一段关系，同时还需要你能时刻保持对方的兴趣和注意力。

跟进的最佳方式

在发送邮件并收到回复后，一定要及时跟进。得到回复意味着收件人在你的电子邮件中看到了足够吸引他了解你的背景和公司的闪光点。因此，要礼貌地以专业的节奏使你们之间的对话继续进行下去。

即使你得到的回复内容是委婉的拒绝，你也要知道，这样一封电子邮件是为了保持未来的联系。回应此类邮件时内容应该简明扼要，一句"谢谢，我希望能继续保持联系"就足够了。

如果邮件回复内容是积极的，那就保持你与对方初次接触时所使用的策略。回答这个人可能提出的问题，或者尝试通过私人会晤或推介来使你们之间的交流持续下去。记住，第一封跟进邮件更多的是让对方对你的想法感兴趣，或者对你的合作理念感兴趣，而不是简单地让他回复。这样做的时候，一定要保证邮件内容简明扼要。长一些的会谈可以通过面对面的交流或打电话进行。另外还要采取一些其他的跟进行动。你可以向对方提出一些要求，以确保进一步的跟进。这样一来，你就可以经常与这个人交流，自然而然与之建立起一种关系，并保持热络的联系。

发出邮件却没有得到回复

在这种情况下,你最初的反应可能是什么也不做。但是,正如我们在第 1 章中提到的,关系网对于业务拓展专员来说是非常重要的。无论是公司还是产品都需要快速发展与迭代,因此对方偶尔也会因日程繁忙而来不及回复。如果你在三四天之后还没有收到回复,那就可以将同一封邮件再次发给最初的收件人,并将其推送到对方收件箱的顶部。

当你没有收到回复时,可以参照以下范例再次发送邮件。

你好,X,

希望没有打扰到你,我只是想确认一下你是否收到了我的邮件。

我衷心地希望你能有时间,让我向您介绍更多 Y 的事情。

不知你这周是否有时间?

祝好!

Z

这也适用于连续的沟通,而不仅仅是初次的接触。如果在合同谈判进行一半时,谈判的另一方没了回应,那么几天后跟进一封邮件是可以的,提醒对方还欠你一个回复。像其他任何接触或通信一样,与对方保持密切的联系。

会后的行动

如果你在社交活动或者仅仅是在喝咖啡的时候遇到了某个你想见的人,那你一定要继续联络他。接下来,你应该采取的行动是发一封电子邮件给他,简短地说明你非常高兴见到他。在会议结束后,应立即(在下一个工作日结束前的最后一个工作日)采取这一行动,特别是如果会议中有需要进一步关注的项目。这可以让你的想法时刻保持新鲜,并提醒你遇到了这个人,在日后的互动中,这些信件都可以提示你们曾经讨论过的内容。

电话之后

有关介绍、潜在交易或产品建议的一对一沟通准则，同样适用于你与所遇见的人之间的交流。如果你和某人曾有过一个电话会议，但由于团队的原因，你可能会很容易忘记跟进。千万不要让这种情况发生！电话会议和单独一对一的电话一样重要，甚至比一对一的方式更能快速地提升你的信誉和你们之间的友好关系。

对方一定会感激这样的跟进的。所以你一定要做到电话会议的后续跟进。

在收到后续信息时应该期待什么

跟进是因为人们都很忙，他们随时都会收到电子邮件。有时他们在电脑前，但更多的时候他们是在外面跑业务。他们会对合理的事情做出反应（大多数情况下），但是如果他们忘记了处理后续的邮件，那他们通常不会再花时间去寻找他们错过的东西。正如我们之前提到的，如果你没有收到回复，发送一封快速跟进邮件，你就会又回到他们的关注视线中。

在任何接触之后进行交流都没有坏处，宁可在沟通的时候犯错，也不要不进行沟通。

坚持回应

如何让自己脱颖而出

作为一项很有用的技能，你应该学会如何思考业务拓展的愿景并将其纳入日常工作中，从而使你脱颖而出。将自己与其他普通的业务拓展专员区分开来，会产生巨大的专业效果和涟漪效应。要成为最有价值的专业人士，除了拥有出色的工作表现外，还要让自己在收益和专业知识方面不断充电。能够让你脱颖而出的方法可以归结为四个核心原则：让自己变得更有价值、提升自己的知名度、参与活动和写博客。

1. **让自己变得更有价值**。这说起来容易做起来难，你应该花几个月的时间，通过让自己成为一名专家或在工作的某一方面成为专家，或因某种特殊的资质而出名，成为对团队有价值的人。如果你从事的是业务拓展，你可以通过达成交易在你的同事中脱颖而出。

拥有一个强大的人际网也能帮助你变得有价值。如果你希望通过建立合作关系来发展业务和提升产品，你可以通过建立一个广泛的人际网来获得价值，你关系网中的人有可能成为你潜在的交易促成者。此外，你的关系网可以帮助你完成一些对你来说无足轻重但对潜在的合作伙伴而言能够大获全胜的任务。认识一家人人都在使用其产品的公司的关键人物，这意味着你可以通过为他提供产品支持或帮他解决问题来获得一个合作伙伴，而不需要投入一整个用户服务团队。此外，你还可以利用你的人际网来帮助他做一些你和他工作范围之外的事情，以此博得他的好感，从而有助于达成交易。

此外，保持消息灵通，紧跟业务发展趋势，时刻保持自己的价值。从其他行业，甚至是你的竞争对手那里获得知识，这可以让你具有商业优势，甚至在最极端的情况下，可以拯救你的公司。至少，在行业中其他人知道之前，你就先了解到了一些事情。这意味着你可以在事件发生时做出恰当的反应。如果你能成为让你的公司看起来不错的人，尤其是在面对逆境时，那你就会脱颖而出，并因此获得奖励。

2. **提升自己的知名度**。从外表上看，作为公司的代表意味着你代表的是公司的形象，应该让别人想到你的公司时就马上想到你。我们都有标志性的公司创始人形象，并能够回忆起公司 CEO 的名字。但涉及日常产品开发以及业务拓展时，让自己成为公众人物是至关重要的，这样外界也会把你和公司的成功联系在一起。如果你是一位研发产品的工程师，那你更容易获得这样的声誉。同样，一位能够获得同样成功的商务人士也将是公司战略发展中不可或缺的一员。

如何才能让自己拥有知名度？维护人际网并在合适的时机恰当地讨论你的工作，意味着你所在社群的每一个人都会对你所服务的公司以及你本人所做的事情有一个大致的了解。为这些人提供某种程度的价值，这样，当他们讨论你的公司时，首先会想到你；当他们受邀介绍你的公司时，他们也会说能有效代表你公司的第一人一定是你。这种方式会一直循环下去，最终你将成为与某一特定品牌联系在一起的人。

3. **参与活动**。正如我们在第 1 章中所描述的，参与活动是你扩展关系网的好方法。但是请记住我们之前讨论过的：仅仅参加活动不足以让你脱颖而出，你要将自己与这些活动联系起来，成为一名组织者，或如果你能荣幸成为某个小组的成员之一，在会议上发言（在一些会议上，你需要受邀请发言；还有一些人人都能发言的分组会议）。邀请朋友，把你现有的人际网和新的人际网结合起来。做这件事的重要性在于，它能让你在工作之外的交际圈内成为联结者。

此外，当你在对外活动中扮演重要角色时，你的关系网还在继续延伸。如果你在一个与某个主题相关的小组中发言，听众就会将你与该领域的专家联系起来，从而有可能促成某些生意。同样，这也会让你在工作中脱颖而出，使公司将你作为公司的收入创造者对待。

4. **写博客**。正如我们在第 1 章中所讨论的那样，各种"数字身份"看起来可能不太协调一致，但博客是能将这些特征联系在一起的关键。写博客能帮助你吸引你所在领域的杰出人士的注意，从而让你脱颖而出。如果他们知道你能分享很有价值的见解，那么他们就会相信你一定会在与他们见面之前就已做好充分准备了。他们可能会对你的博客内容感兴趣。此外，博客还能帮助你建立和保持一个可接触的状态，最终让你在自己的领域获得尊重和知名度。

其他让你脱颖而出的显著因素

最后，做好你的工作。当你想在工作和生活的各个方面都努力成为超级明星时，你就很容易忽略对自己本职工作的完成。这意味着你要学会防患于未然。学会假设所有的交易都有可能出错，在问题发生前想出解决的办法来。在它们出现之前，关注细节并预测合作伙伴的需求。频繁地达成交易和帮助公司在许多合适的领域得以发展，将会使你脱颖而出，超越其他业务拓展专员。

当然，这也意味着你要尽早设定自己的预期并坚持下去。在成为天使投资人之前，里克·阿姆布鲁特斯（Rick Armbrust）在 Facebook 和微软等公司的业务拓展部门工作过，他说制定清晰的指导方针是最重要的事情之一。"提前设定预期，这包括你的目标、你的公司如何运作，以及可能出错的事情，等等。这两种方法都可以防止不好的合作关系形成，并阻挡或弱化合作期间不好的事情发生。这为我带来的帮助将不计其数。"

电话会议和面对面会议

电信技术行业的颠覆发展，意味着你可以有许多与其他专业人士交流的方式，尤其是在交易过程中。战略合作关系需要许多面对面的会谈或电话交谈，因为绝大多数交易都不可能只通过电子邮件的沟通就完成。

大多数公司不限制员工使用某一特定的服务，因此可以用于合作关系讨论的软件有很多：Skype、Join.me、GoToMeeting、Blue Jeans、Google Hangouts，或传统的电话。实际上，对于初次见面来说，双方更容易通过一个通信软件来进行交流，并可以通过它来就合作关系可能涉及的内容进行初步讨论。

面对面的会议是不可替代的，但进行面对面的会谈不可行的原因也有很多，如你们在不同的城市或国家工作，或者双方的工作地有时差，所以你们只能通过电话会议进行沟通。可如果你们能亲自见面，那你达成交易的机会将会大些，并可能建立可持续的联系。诸如声音、肢体语言、面部表情等是不会转化为网络电话信号的，有时甚至会导致交易失败。

总而言之，你有两种选择，如果你真的想要完成交易，那就还是选择面对面的会谈吧。

业务拓展所需要的毅力

业务拓展专员最显著的品质之一就是他的前瞻性。在一家快速发展的公司里，你可能对你的工作要求很了解，但真正执行到位才是你的职责所在，并且那些在快节奏的公司取得成功的人往往都是主动做事的人。这些既具有前瞻性又积极进取的人实际上都是有着坚忍不拔品质的人。

什么是毅力

在一家快速运转的公司里，毅力是一种神圣的美德。毅力能够让那些积极进取的人去付诸行动，不断推进他们的交易，即使在这一过程中的其他参与者并不一定像他们一样积极进取。

每个人所表现出来的毅力会因其个性、胆量和见识而有所不同。而毅力又是推动交易继续向前发展的关键因素。有时候，毅力是指锲而不舍直至得到别人的答复才作罢；有时候，毅力表现为你不断地提醒和催促他人做某事（比如回复你电子邮件、做介绍或者其他事宜）。

Contently 的前业务拓展经理玛克辛·弗里德曼认为，在坚持不懈（即保持毅力）和一意孤行之间存在着微妙的平衡，如果跨越了中间的平衡线，那就会让人很烦恼：

> 作为一位业务拓展专员，如果你过分地坚持不懈，那你给人的印象要么是经验不足、焦虑不堪，要么是冷酷无情。我更倾向于稳重一点，让自己的音调一直保持积极肯定……如果我没有收到我的目标合伙人的答复，那么（我会假设）答案是"同意"，而他或她实际上可能并不同意。在进行交易的时候，我们往往只愿意思考摆在我们面前的事情：我们想要什么，我们希望通过达成交易来实现什么。
>
> 然而现实是，虽然对你来说交易可能是最重要的事情，但你要记住在你的身后，生活照常在继续——公司要重组、出现了新的创意、要进行消防演练、小孩子生病了，等等。我想分享我的三个亲身经验。
>
> 经验一：你的日程表不是你目标合伙人的日程表。我记得有一次我负责一项交易，进展势头好几个月以来都一直很强劲，然而突然间所有的事情都停滞不前了。我无论如何都得不到我目标合伙人的回应。我非常生气，一直不停地想是因为我做了什么事情，或者我没有做什么事情才会导致这样！我感到非常受挫，因为整件事情完全脱离了我的掌控。
>
> 经验二：（大多数时候）事情总是脱离你的掌控。有一些因素你能够控制，但也有一些是你控制不了的。我最后终于明白了这一点，比起之前经验不足的我，现在的我更能宽容地对待自己。
>
> 经验三：假设最好的情况。消极会影响你整体的专业表现和你在办公室的态度，甚至会使你的个人生活变得很糟糕，所以要对事态做出最好的假设，并且要坚定信念。例如，亚历克斯在图片编辑网站 Aviary 工作时，他发现当时正在与他合作一个项目的合作商在处理家里的紧急情况，几乎整整一个月都联系

不到。最后尽管他完成交易的时间推后了，但如果当初他对合作商因家中急事失联而过度生气的话，那他很可能就会给对方留下粗鲁无礼的印象。

坚持不懈与咄咄逼人

处于早期发展阶段的公司及其员工所负责的许多工作，往往都是被动的，也就是说只有当它们的产品已投放到市场以后，它们才会去接触其他公司。其实，在它们的产品发布之前，它们就应该开始积极地寻求合作商。它们需要应对市场或者产品给予它们的挑战。但是不论一家公司的成熟程度如何，从一位业务拓展专员的角度来看，无论他想做成任何事情，他都必须做到积极主动。积极主动意味着主动地去接触潜在的合伙人，积极地去寻求生意（如果这样做合适的话）。当然，积极主动只是第一步，坚持不懈才是关键一步，你需要不断地适度地推动和委婉地提醒对方，直到你的要求得以实现为止。

另一方面，坚持不懈和惹人讨厌、咄咄逼人，或太具进攻性之间有一条细微的分界线。如果你正在跟进一笔交易，而且对方的联络人已经明确表示在某个特定日期之前，或者在某些特定的情形实现之前先不要联系他，那么此时如果你仍然坚持不懈地联系他，那将对你没有好处。在这种情形以及其他与此类似的情形下，你的坚持不懈就会变成咄咄逼人。

你的目标是要坚持下去并实现你所在团队的目标，而且能在保持时效性以及组织性的同时，建立高效的合作关系。坚持不懈是帮助你实现这些目标的品质之一，但是你的坚持需要视情况而定。总之，无论如何，你都需要一直努力向前，尤其是在遭遇险阻时。

成功的业务拓展专员和那些还在苦苦挣扎的专员之间最大的差别在于，成功的人会在彼此的互动中适宜地做到坚持不懈。他们从来不会轻言放弃，但他们也从不会过分打扰他人或太具侵略性。

将坚持不懈和自信结合起来

当我思考那些我们所欣赏的创始人和业务拓展专员具备哪些品质时，浮现在我脑海中的一个词就是自信。你在说话的时候，无论你对你所谈的话题知道多少，你的声音都应该是自信而坚定的，这样才能让倾听的一方相信他们所听到的内容。

坚持不懈或者有些时候的咄咄逼人，通常都会和自信有着某种联系。但如果这种联系是正确的，那么自信就能让你更有信心坚持不懈，同时也能激励对方去为你提供帮助。

拥有自信能在各个层面上对创业公司起到帮助作用——从说服投资人给你投资，到向媒体宣传公司的事迹，甚至是将最有才能的人招揽到你的团队中。如果我们要向那些有前途的创业者和业务拓展专员提些建议的话，那这条建议就是：不仅要对你自己有信心，还要对你的产品充满信心，并善于说服他人。这样，你才能走得更远。

遭到拒绝

很少有人愿意听到"不行"这个词，尤其是在职场中。当听到别人说"不行"时，我们就会局促不安，感觉自己低到了尘埃里。拒绝会伤人，而且我们都有一种与生俱来的倾向，那就是认为拒绝是针对我们个人的行为。我们往往会讨厌对我们说"不"的人。但是在业务拓展以及合作关系领域，听别人说"不行"几乎是业务本身所不可缺少的一部分，而且遭到拒绝也不全是坏事。

拒绝的不同类型

拒绝本身可能是含蓄的，也可能是公然地拒绝，这取决于你推介的对象。拒绝通常发生在会议结束之后。对方经过深思熟虑（但愿是这样）以邮件的形式来回绝你，"对不起，很遗憾您不是我们的首选"或者"抱歉，我们现阶段寻求的并非此类的合作"。这些都是最常用的拒绝推介的推辞，只是它们可能会有不同的表达方式而已。

偶尔，你可能会当场受到断然的拒绝——不行！此时，你应该优雅、体面地应对这样的拒绝。也就是说你要优雅且体面地感谢对方花时间来倾听你的推介，然后问一下为什么你的推介不符合他们的要求。对方可能不会理睬你的问题，所以要注意不要打扰到他们，也不能因急于找到问题的原因而咄咄逼人（也就是说你只需询问对方一次）。你要感激并尊重他们为此所花费的时间。AppNexus公司的合作伙伴经理、苹果公司前任企业客户销售经理、戴尔公司的业务拓展客户经理亚历克斯·古特勒（Alex Guttler）的人生信条是："人生短暂，世界很小。你将来很有可能会和你以前一起做生意的某个人不期而遇。尤其是即使这笔生意没做成，也要尊重与你合作的对手和公司，永远不要说一些会让你后悔的话。因为可能很快你就会发现自己和曾经的对手站在了同一战线上，或者需要对方施以援手。"

你可能被拒绝的原因

人生总会发生各种各样的事情。在业务拓展领域，交易失败或者最初就没有什么机会交易都是常事，但你依然要努力将其向前推进。通常，拒绝是因为合作公司双方的利益或产品选择与其诉求不一致，而不是对推介的人或公司的个人好恶。

正如我们在第1章中所讨论的那样，在推介之前要了解清楚目标公司的主要诉求，并且非常有必要弄明白这家公司当下的重点工作是什么。如果你的推介没有涉及该公司任何一项重点工作，或者对其没有任何帮助的话，那么你参加的就是一场预料之中会被拒绝的会面。例如，如果你想合作的公司所关注的是分销合作，从而为其带来更多的客户，那么为了避免你的合作意向遭到拒绝，你的推介企划就必须锁定在这一特定目标上。如果你的推介能够给出确切的数字，并向这家公司切实地讲明你能帮助其增加多少用户量，那么你一定不会被对方拒绝。

如果你遭到拒绝却选择无所作为，那你将会一直失败下去。最好的选择是，你要走出去，继续进行推介，然后让拒绝了你推介的公司反过来求着与你合作。

拒绝可能出现在胜券在握时

每个人都会有被拒绝的经历，而且在我们的生活中会遇到各种各样的拒绝，例如，邀请别人约会被拒绝、申请工作被拒绝，等等。大多数积极主动的人都会尽自己所能尽可能地做好各种准备，从而确保工作面试或者日常约会不会被拒绝，为一次推介所做的准备和这些准备一样，都需要遵循着相同的规则。

但为什么有时候即使你做好了准备却仍遭到拒绝呢？大多数情况下，我们遭到拒绝是因为我们所处的环境、时机不对，或者是我们生产了错误的产品，而不是因为我们的准备不够充分。如果你准备得不充分或者合作方不喜欢你，那你早就被拒绝了。当然，即便他们都喜欢你，而且你是有备而来的，你也仍有可能遭到拒绝。

图片搜索引擎 Giphy 的业务拓展主管、照片编辑器 Aviary 的前合作关系主管阮纳姆（Nam Nguyen）建议，如果你有兴趣参与某些合作，那你就必须习惯经常被拒绝：

> 遭到拒绝是合作游戏中的一部分，你越早接受它，你的心态就越好。
>
> 在一段合作关系中，总有很多你无法提前预料的变数和情感因素。例如，与决策制定者五分钟的会面，就有可能很轻易地推翻你为了说服一个潜在的合伙人与你合作而付出的半年的辛苦努力；从一次内部的编程马拉松脱颖而出的开发人员的产品概念验证就会取代你的产品。我在 Aviary 工作的时候，这样的事情曾多次发生在我身上。

遭到拒绝后要做什么

不管什么时候遭到拒绝，你所能做的最好的事情就是找出你失败的原因。以我们的经验来看，大部分人会告诉你为什么这次交易对他们来说没有任何意义。但你需要亲自去询问原因，积极地寻求更多信息，否则他们可能不会直接告诉你。

拒绝的原因可能有很多种，可能是你的报价不在他们能接受的范围内，也有可能是他们当下并没有关注你的产品，或者对你所能提供的合作关系不感兴趣。有时也会有一些别的外在原因，例如该公司不做这单生意是因为该公司创始人的女朋友在你的竞争对手那里工作。如果你不问的话，那你就永远不知道是为什么。

此外，你对原因的询问表明了你对所寻求的合作所给予的重视程度。这很有可能会给对方成员留下深刻印象，他们有可能会在未来的某项业务合作中想起你。

阮纳姆的建议是你必须从被拒绝的经历中学习，否则你最初为了与合作接洽而付出的所有努力就都白费了。

我曾经有过这样的经历，合同已经签好了，产品也进行了完善，公关也已经就位了，最后却在发布合作的前 15 分钟收到了取消合作的邮件。

那你该如何处理这种情况呢？很简单，振作起来，准备与候补的合作商达成合作。如果你需要五位产品发布伙伴，那请接洽 20 位。如果你需要 20 位，那请接洽 50 位。总会有这样那样的差错，所以成功的唯一途径就是多接洽你需要的合作商，以确保你最终达成合作。

从拒绝中学习。积极询问对方，搞清楚被拒绝的原因。如果是与产品有关的问题，那是什么问题？回去和你的团队成员一起讨论，重新评估你们的产品。如果是法律方面的问题，你能做些什么从而阻止这样的事情继续发生？

如果你梦寐以求想要合作的公司拒绝了你，千万不要沮丧，锁定该公司的竞争对手。同时运用一些公关手段，让你的梦想合作伙伴时刻知晓你正在合作的公司的情况。这样运行一年，你的那位梦想合作伙伴就会主动找上门来，以了解更多信息。

将"不行"变为"行"

得到"不行"的否定回答，或许是件好事，因为这次拒绝为你提供了一个机会，让你去问清楚被拒的原因，并充分了解此次交易中的不足之处。有时这些不足可能是你能够弥补的，有时则属于你的权限之外的问题。无论是什么原因，当有人拒绝你的时候不要心生厌恶。此时你不能放弃，你还有更重要的事情要做，那就是改进你的产品或提议，把"不行"变成"行"。

如果你真的不是很多公司的第一选择，那就从头来过，去生产出一款能让更多公司把你当成第一选择的产品，这可能才是解决问题的办法。如果你推介的产品太昂贵或者没有什么能让合作方足够感兴趣的东西，那么即使你去见下一位合作商寻求合作，你也可能得到同样的反馈。不妨降低你的产品价格，去憧憬更美好的前景。得到一个"对不起，但您真的不是我们的第一选择"这样的答案是很让人泄气，但是如果你真的了解别的公司，并能诚实地看待自己推介的产品，那你就会花时间关注那些你能够成为对方首选的合作机会，并最终成为赢家。

记住，拒绝和否定的反馈并不是针对你个人行为的（除非你真的冒犯了某人）。

所以去试着习惯被拒并在拒绝中不断前进。让拒绝来激发你想获得成功的渴望。每遭到一次拒绝，就努力去赢得两次肯定。阿里安娜·赫芬顿（Arianna Huffington）曾就这个话题发表过自己的看法，她说："无所畏惧就像是肌肉，我从自己的亲身经历中得知，我越无所畏惧，它就会变得越自然，这样我就不会让恐惧控制了我。"她的看法得到了 Aviary 联合创始人迈克尔·盖尔珀特（Michael Galpert）的评价："近来，我每天都在逼迫自己被拒绝，从而帮助自己消灭对被拒的恐惧。这是一种绝妙的体验。我建议大家都试一试。"

我们应该热衷于此。每天都遭到拒绝是让人难以承受的一件事，但是，追求一些实际上很难做到的事情，让自己每周都遭到一次重大的拒绝似乎是合理的。这会让你的心理承受力更强大。我们应该为遭到拒绝而庆祝。因为它让我们不再恐惧，并激励我们到达更高的高度。

实际上，有时遭到拒绝要比得到赞美更好。拒绝不但是个人成长和职业发展的契机，也是一记警钟，让你重新思考自己的产品以及公司的前进方向。有时，一次拒绝以及随之而来的对拒绝原因的解释，能够让你和你的公司少做一些无用功。

此外，轻率的同意可能会是一段最终会带来麻烦的合作关系的开始，这会让你得不偿失。最初就得到同意是一件让人开心的事，但是如果你没有采取恰当的措施来认真审核这一合作关系，那最终可能会导致你想尽快结束这段轻率的噩梦般的关系，或者你可能不得不将公司的资源用于生产你当初并不想生产的产品。

事实上，一旦一家公司同意了合作（或更好的情况是，在你推介之前就已经同意），你就应该制定与接下来完成这一合作相应的措施。如果需要做的工作太烦琐或代价太大，那么这项合作可能就不值得去做。通常这会涉及三个主要的问题：

1. 我们需要做什么？
2. 他们需要做什么？
3. 对合作双方都合适的时机是什么？

有时，一次拒绝会将你从不能合理回答这些问题而造成的痛苦中解脱出来。

予人玫瑰，手有余香

建立关系网、与人接洽、进行后续跟进，归根到底都是一门你能给予他人帮助、增加自身价值和寻求帮助的艺术。在业务拓展领域，给予他人帮助可能最终是帮了自己。业务拓展和交易专家往往会给予他人私人和专业的帮助，而这两方面都依赖于一张广博的同事和朋友关系网的维护。

专业性的帮助可以是请别人帮忙转发一下你公司职位空缺的消息，在你公司刚刚起步的时候请别人在 Facebook 上帮你的公司点一个赞，或者请别人帮你的一位朋友或家人走出困境。寻求帮助和为他人提供帮助是紧密相连的。如果有人请你帮忙转发一条推文，或者请你帮忙宣传一些她想要对外发表的内容，那么以任何可能的方式帮助她就是你的责任。记住，你希望他人怎样对待你，那你就应该怎样对待他人。也许有一天，你可能会让别人给予你同样的帮助。在帮助他人的范畴内做的所有事情都算是帮助，无论你认不认识你所帮助的人。而且，帮助他人会为你和你的付出结下善缘。你永远不知道你给予的帮助什么时候会回报于你。

数字媒体公司 VaynerMedia 的创始人加里·维纳查克（Gary Vaynerchuk）认为，给予他人帮助在合作伙伴生意往来中是非常重要的，也不要去计较彼此的付出和亏欠。"我真的不会去记着谁帮了谁这样斤斤计较的事情，我更愿意提前报答别人。我甚至记不清什么时候我帮了一个什么忙，因为我相信在每天各种各样的事情中，我都会暗中施以援手。"他说道。

正如每位曾经寻求过他人帮助（即使是很微不足道的帮助）的人都明白的一样，帮助别人就像是货币的一种交换形式一样。我们常常认为如果有人曾经请我们帮助做一些事情，那么我们就可以要求他帮我们一个忙以作为回报。的确，从职业角度来讲，我们总是会应同事、老板或者直接上级的要求帮助完成各项工作。如果你帮助某人完成了一项工作，或者你替他一次班，那么你就能请他帮忙，这是大家心照不宣的事情。

在达成合作关系方面，也会有类似的情况发生。业务拓展专员会不停地去联络自己的熟人，请他们帮忙做一些引荐，或者帮忙联系某些自己想结交的人。作为回报，他们也会给予这些熟人同样的帮助。

把握市场的脉搏

合作最容易成功的途径之一是随时关注你的公司所处的市场。这意味着你不但要去了解你的直接竞争对手，而且要了解整个行业或者行业中各类型公司的最新动态，以此作为你进行比较的基础。这样，你才能时常根据你对行业的理解做出判断，并以此确定你的商业模式，预测未来的市场走向。

行业不同，值得注意的信息也会有所不同，但是一些市场信息却是和所有的行业都息息相关的。阅读当下的时事报道以及本行业的新闻报道，对于紧跟行业发展动态以及了解业内其他公司的近况来说是至关重要的。如果你的公司刚刚起步，那你应该了解同一时期有哪些类型的公司兴起了，哪家公司获得了融资，新闻界正在关注或者报道哪些事情，而这些事情的后续报道以及结果又如何。

除了一些传统的新闻来源（如《纽约时报》《华尔街日报》）外，我们还喜欢阅读一些特定的与科技相关的博客，如 TechCrunch 和 Mashable。但是我们推荐业务拓展专员要更具有针对性地阅读那些针对你所感兴趣的技术领域甚至是你所在地的博客。

优步公司的杰里米·勒米特（Jeremy Lermitte）认为，建立关系网、阅读各种文章、跟踪行业趋势，对你把握市场脉搏有很大推动作用。"对市场趋势时常保持关注。在我们节奏紧张的工作环境中可能很难做到保持关注，但是你和业内专业人士的见面的次数越多，你就越能了解行业的发展动态。阅读技术类文章很重要，但是参加当地的活动同样也很重要。我一直建议大家多多参与当地慈善团体的活动以及教育项目。在这些场合，你的专业知识能够成为你的有利条件，既能为你带来一定的影响力，也能让你遇到志同道合的朋友。"

你公司里的员工会对市场或行业有着不一样的看法。他们中的每一个人对于某些文章有着不同的理解角度，有可能别人会错失你从中读到的某些内容。因此，你如果要想紧跟市场趋势并从中获得最大的益处，那你就要记着将你的发现与你的队友们一起分享。如果你每天都能在日常谈话中讨论对市场趋势的理解，那么你所感受到的市场脉搏就会更加准确。

抵制合作中的"诱惑"型机会

"诱惑"综合征

每个人都会被周围耀眼的新鲜事物所诱惑，无论该事物的耀眼之处是源于其本质还是表面。在合作关系中，这种诱惑表现为当一个新鲜而又充满吸引力的交易机会进入你的视线时，你就会为了追求这一耀眼的新机会而考虑放弃一些重要的事情，这种情况就是"诱惑"综合征。当业务拓展专员对工作不够专注，反而时刻不停地追求那些最新最炫酷的东西时，这种诱惑综合征便出现了。

在合作关系里，那些耀眼的诱惑可能是一家想要和你合作的大公司，也有可能是一家声名远扬的新公司。即使是最出色的业务拓展专员也会时常被这种诱人的机会所蒙蔽。它太闪耀夺目、太充满诱惑了！而且说实话，不被诱惑真的很难。人们对一件新事物的好奇心是很难克服的。但是如果你不努力战胜这种好奇心，还是持续不停地更换目标，你将会一事无成，并且你怪不得别人，只能怪你自己。

无论公司大小，它们都会或多或少患上这种"诱惑"综合征，尤其是当一家你想与之合作的大公司真的联系你时，这种症状就表现得更为淋漓尽致。这样的事情经常发生在一些数字营销公司及其所代表的品牌上。一家大公司想和你合作，你会感到受宠若惊，所以你就想腾出时间来与其合作，因为那家你一直想合作的公司关注到了你。但是为那家公司腾出时间就意味着你要从现在需要做的事情上抽出时间。这样有可能就会轻而易举地毁掉一家新兴的公司。

成立于2010年的社交网络站 Fab.com 就是很好的例证（尽管这是一则公司运营案例，和合作无关）。Fab.com 的创始人当时注意到了每日特惠模式以及如高朋团购网站、吉尔特集团（Gilt Groupe）这样的打折公司在显著增多，于是他们就调整了公司的服务，将最新的潮流趋势——限时抢购加入到他们公司的服务中。他们追随了这一耀眼"诱惑"好一阵时间，但不幸的是，他们并没有在这场赌博中胜出。到2014年年初，他们的业务是在网上销售设计导向的家具用品。

在和一家创业公司做交易的时候，一旦你决定了前进的道路，就需要坚定不移、专注地走下去。如果你决定要追随一种特定类型的交易，那就请坚持做下去，直到交易成功或者你决定要改变你的策略。追求一锤子买卖从来都不会有好结果。

如何防治"诱惑"综合征

防治这种"诱惑"综合征有两种办法。

第一种方法是忽略这些诱惑。忽略这些诱惑需要时间，但是你应该有意识地锻炼自己去忽略那些随意的一次性请求或者发送给你的并没有什么希望的邮件。这就意味着你要忽略一些有特殊请求的邮件和电话（例如，请你生产这样或者那样的产品，理由是他们想使用它）。记录这样的请求是应该的，但你不能什么事情都去做，你需要这样去回应："我们公司在接下来的几个月里都将专注于×事。"这样就能牵制这些公司。你需要尽你最大的努力专注于一些看起来不好、愚笨而实际上会使你的事业更加成功的事情。很显然，这说起来比做起来要容易得多。

第二种办法是在这些诱惑前面设立一道壁垒。这会让你看清楚哪些公司是真的想要和你合作，而哪些公司是在浪费你的时间。而这道壁垒可能是你要求另一公司与你签订某种绑定的意向书，以明确如果你答应了它们的要求，那么它们就一定会使用或者接受你的产品。有些人认为第一种方法是抵制诱惑的唯一途径。但我也见过一些运用壁垒策略取得成功的案例。

无论你采取哪种方法，如果你对这种"诱惑"综合征听之任之的话，那它势必会给你的业务拓展团队造成巨大的消极影响，而这种消极影响最终会使你的公司受损。因此，你要努力去识别这些属于诱惑类型的机会，并时刻保持清醒，不让自己落入陷阱中。

内部沟通

实际上，尽管与公司或团队之外的人进行沟通比起来，进行内部业务陈述和会议沟通并不是最重要的，但也应该得到重视。很多人不这样认为。他们认为，将你的合作理念、产品建议或战略关注点向公司内部的受众推介同样至关重要。如果你没有准备好，那你就有可能不能把自己理念中的闪光点展现出来，或者更坏的情况是，这些闪光点可能被认为是没有价值的或者甚至是起反作用的。

作为一位合作关系领域的专业人士，与公司内其他各部门的人等进行联络也是你的本职工作。你希望确保产品团队能够随时进行产品整合，确保财务团队能积极地从合作中看到潜在的商业变现成果。最终，你会发现，在公司内部推介你的理念和向别的公司推销你的理念同等重要。

你能做的有哪些

认真对待内部会议。从调研和理念开始准备，去与内部人员进行沟通！但不要一味地谈论自己的观点，而是要让双方之间的对话更有价值。尽管当你和你的同事在一起的时候，偶尔谈论一下你的想法是可以接受的，然而对于一次内部会议来说，最糟糕的情形可能是，尽管你出席了会议但只希望讲几句应付的话就交差了事。这表示你缺乏对这一任务或这次交易的投入，也意味着你的同事很有可能不认同公司将精力或资源投入到你所陈述的方案上。

有效的沟通方式可以是书面的，也可以是具有说服力的公开演讲。如果你学会如何恰当地表达你自己以及你的想法，那你就拥有了一个供你支配的有力工具。想要在内部沟通一项策略或合作理念，你可以试着使用以下两种方法中的一种来陈述你的观点。

第一种方法是给有关的利益相关者写信。不过，要想吸引他们对你的观点产生兴趣，并就你想要讨论的主题召开一次会议可能需要一些技巧。

一旦你拥有了向你同事阐述你的观点的机会，就一定要以对他们有利的方式来做推介。要强调你所说的合作关系会对他们的工作有利，或者会对整个公司有利。迎合你同事的个人利益会让他们更容易在对他们有利的框架下理解你的理念所能带来的益处。

第二种方法是尽可能频繁地公开发言。这是唯一能够让你变得善于公开发言的途径。先在一个小型的研讨会或者公司全体人员大会上挑战一下自己。具有说服力和权威性的发言会赋予你必要的公信力，以便你在时机成熟的时候在内部推你的想法。

拉斯·菲耶尔索-尼尔森曾这样评价他在 Dropbox 云存储公司的工作经历，以及他经常使用的沟通方式：

> 全公司范围内的交流更多的是告诉员工我们最近在做什么事情、我们为什么要做这件事情以及我们的目标是什么。例如，几年前（2010—2011 年），当我第一次展示 Dropbox 的移动终端目标时，没有人理解这些目标意味着什么，甚至不相信我们能够实现这些目标。我们的首要目标其实很简单，就是要推出一款能够嵌入一亿部手机中的产品。当我们达成这一目标之后，我又推出了一些新的总体目标，但是我依然花费了一些时间才让人们对我们已有的用户给予我们的可能性以及挑战兴奋起来，这些用户都是我们已经推出的一亿个部件的使用者。我们的基本目标是要激发公司支持这些交易的兴趣，因为这些交易真的会给公司带来成效。
>
> 就交易团队而言，我尽可能经常并细致地和它们进行沟通。员工想了解最新的进展，包括交易的现状和接下来的发展，所面临的任何风险以及可以带给我们哪些机会。
>
> 因为各个不同的部门都在从事与交易相关的事宜，但这些部门之间又是彼此孤立的，所以我需要充当这些部门之间的协调者。这些部门包括工程团队、产品团队、分析团队、核算团队、通信团队、营销团队以及业务团队。所以每隔一个月就把相关人员召集起来开一次会是非常有益的，特别是当团队处于急速发展阶段，而员工彼此之间从未见过面的时候。
>
> 还要与公司首席执行官以及其他领导进行沟通。他们会定期听取更新情况，有时是以日报，有时是以周报的形式进行汇报，这要视正在进行的工作的性质而定。员工需要亲自向他们汇报或者通过电子邮件向他们传达，但汇报内容要简洁且易于理解。
>
> 在和董事会沟通时，我会通过一张或者最多两张幻灯片来就结果、风险以及前景做一个综述。

向前看

当一项交易需要更多的员工参与进来并向前推进时,你应该挑选出合适的人选。你要和你的内部团队成员或直属上司保持常态化、真诚而又开放的沟通,但是只有在你真正需要别人加入进来时,你才应该开始接纳他们。一旦合同签订了,就需要更多的公司内部人员加入进来一起将交易推进到下一阶段。你可以在全公司员工聚集的任何地方随时跟员工们更新项目的最新进展。同时,你还需要降低你的期望值,因为交易经常会泡汤或延迟。但要让每个人都知晓交易的详情、时间安排以及实施计划。记住,如果你所在的行业是一个足够大的行业,那么通常要达成的交易会很多,但如果让你的团队成员失去信心,那就会丧失斗志。

你应该与整个团队以及业务拓展团队分享什么

小公司的期望总是多变难料的。鉴于小公司有限的员工人数,甚至有限的办公空间,信息可能会像传声筒游戏般散播出去。所以,对于哪些信息想让整个公司知晓、哪些信息只限于你的团队内部,你需要更加谨慎地选择。与此同时,你还需要平衡公开对话的公司文化,而这一文化通常是小公司所特有的。

与一个以类似交易的方式处理合作的团队打交道,意味着你要具备激励每一位员工向前看,并让他们对公司的发展保持积极乐观的态度的能力。不过话又说回来,这样的乐观与兴奋也可能会让他们分心或者过度神化公司。如果你想让每一位员工都对你的业务保持乐观态度,并经常保持兴奋和充满能量,那你应该如何在适度兴奋和过多承诺之间做到平衡?

我们见到的业务拓展或合作关系专员所犯的最大错误之一是过分吹嘘他们公司与合作者之间合作的进展。当业务拓展团队和另一家公司开过一次或两次较为乐观的会议,却并未达成任何协议承诺时,它们很可能就会在没有适当免责声明的情况下分享有关合作的消息。业务拓展交易通常很不稳定,随时都有泡汤的风险。当交易真的泡汤的时候,你会感觉自己像抢跑的运动员一样,和你的团队过早地分享了合作交易的消息。这是业务拓展最忌讳的事情之一。

内容发布平台 Onswipe①的首席运营官理查德·布鲁姆（Richard Bloom）说有节制地和团队分享才是最有益的：

> 我认为和整个公司分享交易信息是很好的，但是要明白一项交易直到实现了才真的算达成（不是签订了协议就行，而是它真的见成果才行）。我认为就这点来说，充分的交流是有益的。充分的交流还会帮助生产和设计团队理解为什么要求它们实现产品的某些功能。
>
> 和充分交流同样重要的是要暂缓为了一次新的交易而特意去开发一些新功能。要等协议已经执行，且交易开始日期确定后再做也不迟。为学会这一点，我付出了惨痛的代价。对一家创业公司来说，保持谨慎是很重要的。不要为每一项有可能的交易都去承诺研发新产品、开发新的产品特征或新功能。正确的逻辑应该是：（1）这一产品特征是不是已经包含在发展路线图里了，我们是否还需要对它进行升级？（2）如果不是，那么这一特征会对其他的发布者（或合作者）有益吗？（3）如果不是，那么这次交易作为一次性交易，它是特别重要或者影响特别深远，以至于我们有必要做这些工作吗？即使对以上任何一个问题的回答都是肯定的，你仍然需要分析做这些新的开发所要花费的时间，而且要好好想一下你为了做到这些承诺而不得不推迟或者放弃的事情（这一切是否都值得）。

如果你正在进行一项重大交易，并且已经到了你需要将这一交易和你的团队成员进行分享的时候，那么你一定要告诉他们这项交易目前还尚未完成（即使你很确信交易即将达成），但你会随时让他们知晓交易的最新进展。在交易达成之后再浓墨重彩地向他们阐述所有交易信息，毕竟让团队成员失望的影响是不可逆转的。

---

① Onswipe 是针对平板电脑的内容发布平台，允许任何内容发布网站创建一个应用，使用户得到像 iPad 或其他平板电脑的本地应用一样的体验。——译者注

与大公司合作

你公司的规模以及你正在寻求合作的公司的规模,决定了你们之间的合作关系的性质以及合作的周期。但是,不论你公司的规模如何,与大公司或综合性大企业进行合作都会是一件非常具有挑战性的事情,其中所涉及的过程步骤,要比和与你水平相当的公司进行合作复杂得多。

许多专业人士都将与大公司的合作视为一次梦寐以求的职业经历。诚然,与合适的大公司进行合适的交易能够更快地让你的公司和产品更上一层楼,这要比进行融资和获得舆论好评支持加起来的效果都要好。和大公司进行合作必然会涉及增加产品种类、实现大规模应用,从而扩大你的用户基础。你也需要在合作过程中坚持不懈、充满耐心以及具备为大公司出谋划策的能力。

大公司通常是公开交易的,并且有可持续的收益。不同的行业领域中都有领军的大公司。比如,大型的科技公司有苹果、谷歌、亚马逊、Facebook 和易贝等公司;大型的传媒公司有美国康卡斯特公司(Comcast Corporation)、迪士尼公司、维亚康姆集团(Viacom)、康泰纳仕(Condé Nast)、赫斯特集团(Hearst)以及时代华纳(Time Warner);大型的服装品牌公司有古驰(Gucci)、博柏利(Burberry)、路易威登(Louis Vuitton)以及迪奥(Dior)等。

既然和大公司合作意味着你向让公司得到认可的方向又前进了一步,也可以看作对公司产品的一项认证,那保持一定程度的专业性和组织性是非常必要的。此外,研究一下这家大公司是如何与其他合伙人进行合作的,这有助于你的组织与该公司的合作。例如,大多数大公司都有长期的业务周期。如果你 10 月份与微软公司这样一家大公司进行洽谈,那它可能会告诉你来年的 2 月份再跟它联系,而合作真正开始实施可能就到来年的 6 月份了。

在和大公司进行合作时,还需要了解的一点微妙之处在于,它们通常愿意和它们在报纸或其他公共论坛上听说过的"最热门的创业公司"进行合作。所以如果你拥有良好的舆论评价,或者你在业内已经建立了良好的声誉,那么你和大公司进行合作通常就会更加容易一些。如果你不具备这种能使你的公司成为一家热门公司的加分项，但是你的技术非常新颖，而且正是这家大公司想要拥有或者恰好需要的，那么你的公司依然会是与之进行合作的强劲候选人之一，但成功与否则取决于你的推介活动是否成功以及你的说服力如何。

Knewton公司的埃里克·巴特斯克有在大公司、小公司推进合作的工作经验，他对这两类公司的业务拓展策略的不同之处做了如下描述：

> 我曾经在一家大公司负责业务拓展，后来跳槽到一家创业公司工作，让我感触最深的就是在创业公司召集会议是件很困难的事。想必大家都知道雅虎公司。虽然我们的竞争对手是像谷歌和微软这样的大公司，但我们还是不得不关注着雅虎公司的动态。通常情况下，在创业公司构建合作关系时，我首先必须向别人展示我们公司品牌的可信度，然后才能开始讨论我们的解决方案是否具有价值。这是可以理解的，因为没有人愿意和一家他们认为在六个月之内就有可能破产的公司进行合作，无论它们的产品多么与众不同。
>
> 当我进入创业公司工作时，我几乎不得不完全改变我以前建立合作关系的方法和策略，包括我写电子邮件的文本和格式，打电话的时候说什么、怎么说。我开始参加不同的活动，试着建立不同的关系网。我甚至不得不另外找出时间来解释我目前所在的创业公司正在使用的新范例。

为了应付大公司的官僚体系，你要么拥有一款该公司想要或需要的产品（意思是该公司已经跟你联系过），要么说服该公司，对它们来说，你拥有的东西至关重要。达成这两个选项中的任意一个的方法就是你要创造其他人需要的有价值的东西。一旦你完成了这样的任务之后，消费者和合伙人就会帮你传播你的产品，媒体也会采访你，投资者也想要支持你，新的合作渠道也会源源不断地向你涌来。事态发展就会变得积极——要从不相关的合作渠道中识别出强大的、合格的合作渠道。原来在StellaService和美国运通公司工作的克里斯塔尔·伯格菲尔德也指出，在与比你公司更大或更知名的公司进行合作时，耐心是至关重要的。与大公司的合作执行起来通常要花费更长的时间，并且大公司难免会更加忙碌。

如果你要通过向大公司证明你拥有一款对它们的发展来说至关重要的产品，以吸引它们与你合作，那么请运用上面提到的所有战术，并专门根据这家你想与之合作的公司的要求来调整你的产品和推销策略。和大公司达成合作之后，你就能够运用已有的合作关系以及你在合作中所了解的与大公司合作的标准，来开拓更多潜在的新的大公司与你合作。

与媒体合作

当你开拓新的合作关系时，与媒体进行合作是不可避免的。如果没有任何的新闻报道，合作关系就可能会被忽视，你也将失去利用媒体报道带来发展动力的机会。媒体可能是你最好的朋友，也可能成为你最坏的敌人，所以你在和媒体打交道时一定要非常小心谨慎。以下是一些和媒体以及一些内容制造者进行互动的经典实践案例。

在一家小公司里，负责与媒体进行联系的人通常可能是公司创始人或首席执行官、营销部和通信部的领导，或者业务拓展和负责合作关系的领导。这位媒体联系人的职责包括接触媒体圈的人，为他们提供报道你公司所需的材料，和他们就要报道的故事进行沟通，并最终让他们着手对你的公司进行相关报道。在这一过程的早期阶段，和记者们打交道真的是一场人际关系游戏。如果你不认识记者，但是你又想做产品发布或者资金公告，那你最好雇用一家小型的公共关系公司来帮助你处理这些事情。公关公司的专业人士能够帮你创造奇迹。

如果你们公司想要向公众发布一些消息，那传播这些消息的最好途径就是拟写一篇公司博客。这篇博客应包含所有你想发布的信息，以及你想要社会公众如何评价与了解你公司的这些消息。

如果你的博客已经写好了，那是时候开始和各种各样的媒介进行洽谈了。通常，你可以通过准予采访或独家采访来择优选择你希望发布你公司的故事的媒体，但是你最终可能还是控制不了由谁来报道你的故事。总之，对于你为什么想要寻求媒体进行报道，以及报道应该达到的效果，你应该制定一些具体的目标。你应该对你正在努力去接触的受众有一定的了解。你是想吸引投资者，还是想为公司招揽潜在的员工？还是要寻找新的消费者或用户？媒体报道的每一个阶段，你都应该提前预想到。

此外，如果你想要通过和媒体合作来确保你的公司受到最优质、最大限度的曝光，那么在这种情况下，"最好"就可以定义为最大限度的展示或者最大限度的启发，同时展示的角度还要尽可能地积极向上。虽然让媒体曝光你的薄弱环节不一定全是坏事，但是积极的评论通常会更有帮助。你还要通过不同的媒体报道来组织同一个故事的不同版本，而不是让大众每次看到完全相同的故事。实际上，你应该让不同的作者根据他们独特的读者群来对你公司的故事进行撰写，这样这些读者就能从他们的视角来理解你公司的故事。

一些撰写新闻稿的最佳范例

博客经常可以用作新闻通稿。这是显而易见的事实，但是发一篇博客是为了让媒体能够报道你的公告。在你和一家媒体讨论过你想发表的内容，并且该媒体也已经答应报道你公司的故事之后，你应该和这家媒体共享一篇设有密码的未发表的博客文章。

在最先报道你公司信息的博客里，你应该陈述清楚你计划公开报道的故事的主题和大部分细节。告诉人们你的公告背后的故事，描述一下你的产品，讨论一下产品改进的细节或者是合作方面的细节，以此来锁定目标受众。

如果你正在发布的是一款新产品，那就解释清楚这款新产品到底是什么，列举一些正在使用该产品的公司或用户。讨论一下它们为何使用你的产品，它们从中获得了什么，以及其他公司和用户如何获得与已有用户所拥有的同样的产品或服务。如果你要公布的是一段合作关系，那么就解释清楚为什么这次合作是重要的。你要确保你所找到的媒体的读者群会关注你发布的消息，即在筹划你的发布博客文章时，无论你发布的消息是什么，你都要清楚你正在发布什么，哪些人可能会关注你的发布，哪家媒体拥有最合适的读者群，从而使你的发布效果最大化。

你应该给那些对报道你公司感兴趣的记者们提供一篇已经完成的、但还没有发表的博客文章，原因如下。

1. 如果他们没有找到合适的报道内容，或者你没有充足的时间通过电话或者亲自给他们讲述整个故事，这时候他们就能够参照你给他们的博客帖子来撰写他们的报道。
2. 记者都有各自所负责报道的领域，他们每天都要写许多不同的故事，如果你帮助他们撰写好对你的报道，会让他们的工作更加容易一点（为他们扫清任何障碍，对他们来说都是很重要的）。
3. 你可以发表这篇博客，然后让他们将博客与你的公司联系起来，从而为你公司的网站和你们要发布的消息吸引流量。

与媒体合作的最佳范例

首先，你要为你撰写文章的媒体联络人留出不少于三个工作日的时间。如果你没有给予他们足够的时间，一旦他们忙于报道自己所负责的新闻区域，他们就可能会因没有充足的时间来撰写你想报道的文章，而轻易漏掉一些本该写出来的内容。这样的报道文章质量一般都不会太好。如果你担心给予他们足够的时间，他们可能会提前曝光你要公布的内容，那只能证明你和他们之间的关系还不够亲密，还不能要求他们为你的内容保密。

其次，你应该为你的媒体联络人提供一个清晰的故事脉络。你应该用一句话来概括你要报道的主题，或者用一句话来概括你要发布的内容。对你的故事进行清晰简单的综述，会为你赢得记者的好感，从而也能让你更好地把控报道的内容。这会为报道你的记者清除任何可能的障碍。

最后，记者为你写了报道文章之后，你要对他们进行感谢。为他们提供内容很酷、很有意思同时符合你意愿的故事，努力帮助他们成功撰写对你公司的报道。这样他们会非常感激你，并且愿意对你公司进行持续的报道。

要避免的一些陷阱

不要把一个完全相同的故事发给十家不同的媒体。如果你不能根据不同的读者群撰写不同的故事，那么你可能应该按照常规去做，即让一家大媒体来发表一篇独家新闻。

此外，不要将你公司的生存状况作为新闻报道的焦点。除非你以前是一位非常成功的创业者，现在刚刚成立了一家新公司，否则你真正应该报道的是你要发布的产品。

还有，不要盲目地用相同的邮件内容把相同的故事发送给每一位技术类新闻记者。你这样做就意味着告诉他们你没有做任何的信息搜集工作，更没有根据每位记者以及他的读者对象的特点来撰写不同的邮件。这些技术类新闻记者的活动区域往往都是相同的，所以他们很有可能会在一起谈及你发给他们的邮件。而且每一家技术媒体通常都会有一个聊天群（通常是网络电话软件 Skype 或者企业社交软件 Yammer），他们也会跟同事谈论他们近来遇到的事情。最后一点，如果你并不认识某家媒体的记者，那么就不要把你的邮件发给他，即不要见到谁就给谁发邮件。

对一家公司来说，开发一款产品或一项战略可能需要几个月（或者几年）的时间，需要公司大量员工的参与，并且会消耗巨大的资源。为了确保这些辛苦付出不会无疾而终或默默无闻，大部分公司都会请其他公司或个人来帮助它们进行产品发布。这些公司或个人就叫作"产品发布合作伙伴"，它们会在一款产品准备发布之前的几个月或几周介入进来。

你要做的并不是仅仅极力宣传新产品的某一特征，并希望它获得大家的关注，而是要让一些公司成为这次发布会的利益相关者。为了将这些公司与你要发布的新产品紧密联系在一起，你可以让这些公司使用你的产品，或者让它们将你的产品纳入它们自己的产品线中。当然，只有在你能把你打算开发的产品预售给这些公司之后，这种情况才有可能实现。而让一家公司在你的产品还没有准备好的情况下就许诺接受它并不是一件容易的事。但如果你能出色地完成这一任务，那它就能让你中等规模的发布会产生如蘑菇云般的涟漪效应。从一开始就有好的公司或人指导产品发布，会给你的公司和产品带来很大的好处。

找到一个好的产品发布合作伙伴

找到一个你预期的产品发布合作伙伴是很困难的。并不是每一款产品的发布都需要有一个产品发布合作伙伴，也不是每家公司都适合做产品发布合作伙伴，但是这样安排的主要目的是为了在这两项技术之间创建一种共生关系。一般情况下，产品发布伙伴会较早地接触你计划发布的产品。对某些企业来说，能够抢先看到一款产品无疑是具有诱惑力的，这能给予这些企业创意许可，使它们开发出能对合作双方都有益的东西或新功能，让它们自己的产品性能得到改善。

一旦潜在的产品发布合作伙伴同意和你见面，你就应该像对待其他合作安排那样对待这次会面。正如我们在第2章中所讨论过的合作的四大黄金准则那样，无论是从路线方针的角度，还是从产品改进的角度，你都必须弄明白合作的另一方看重的是什么。一旦找到一家合适的公司，就锁定这家公司作为你的产品发布合作伙伴。推介产品发布合作关系机会和推介普通的业务拓展交易的唯一区别在于，推介产品发布合作的时候，合作理念还没有完全策划出来，技术也还有待完善。

一些公司期待有这样的机会来实现技术开发，并希望其他公司对其提供的产品进行实时关注与反馈。通常，这些公司会是一些小公司，它们灵活机动，能够在产品刚开始生产的时候就及时调整，以让自己适应这种新产品。而大公司往往会避开产品发布合作伙伴途径，特别是当合作涉及技术改进的时候。

产品发布合作伙伴和其他合作伙伴的不同之处在于时机。斯科特·布里顿说："产品发布合作伙伴的主要不同之处在于你拥有某种优势，你能利用其来激发起对方的紧迫性。这一优势可能是其他的合伙人，也可能是一次报道的机会，或者甚至是一个节日。商家网上信息管理平台SinglePlatform和Squarespace在情人节的合作就是例证。"

成为产品发布合作伙伴的益处

产品发布合作关系只有在对交易双方都能起到激励作用的时候才会达成，并且随之而来的推广活动对双方公司都有极大的好处。通常，产品发布合作伙伴会在它们自己的博客、社交网站甚至自己的本地平台上展示合作方的产品。这本身就是一种分销合作关系。

产品发布合作还能够为你的公司提供另一次能在媒体面前展现的机会，尤其是当你的合作者拥有强大的媒体关注度时，展现的效果会更好。如果你的产品之前没有被别人注意到，但你选择了最合适的、知名度很高的产品发布合作伙伴，那你的产品就能够得到各大新闻媒体的关注。

就像其他任何合作关系一样，一段产品发布合作关系为合作双方提供了彼此的用户群，即合作双方都能够通过借助对方的用户群而获益。并且这一获益效果还会倍增，因为合作双方两款产品的结合能够吸引到全新的用户的注意。

找到一家公司做你的产品发布合作伙伴的好办法是，告诉这家公司，你正在生产一款能够帮助它节省一大笔钱的新产品。除此之外，你还将为这家公司带来你的用户群，以及对此次产品发布进行报道的新闻媒体。如果你是一家成长型的小公司，拥有几百或者几千位用户，那么这就可能会是一段良好的合作关系，而且其他公司也会想加入进来。

产品发布合作伙伴的规模可大可小，当你试图获得可信度的时候，一家大品牌或者一家识别度高的公司会更有帮助。但是，正如我们前面在本章中讨论的那样，大公司可能很难驾驭，而且它们对交易会有时间限制。安迪·埃尔伍德在 Gowalla 网站担任业务拓展主管的时候，促成了 Gowalla 定位签到平台和迪士尼公司的合作。他说道："当时，我们公司在 2010 年年底发布了 Gowalla 3.0 版本，迪士尼公司是我们锁定的金牌合伙人。但无论何时，只要有像迪士尼公司这样的大型公司参与进来，即使再难也能顺利完成任何事情。仅就我们开展交易会谈这件事来说，谈判桌的一端是我自己，而另一端则是由对方公司各个不同部门的人员所组成的团队。由于一些我掌控之外的情况频发，交易至少被叫停了三次，但我知道我们有竞争优势和足够的时间。最终我们赢得了这次交易，成功发布了与迪士尼公司的合作，并获得了非常热烈的反响，这种影响也为我们后续的合作带来了好处。Gowalla 网站和迪士尼公司的成功合作一直持续到我们被收购之前。"

拥有多少个产品发布合作伙伴比较合适

在实施产品发布合作伙伴战略时，你要很好地平衡合作者的质量和数量。我们曾参与过好多家公司的产品发布，也曾选择过几家公司进行合作。在这些合作中，有的成功了，有的失败了。我们从中学到的一点就是如果你没有一支强大的团队，那么和太多家公司进行发布合作几乎是不可能的。当然，结果总是要视情况而定，但我们相信与少于 10 家高质量的公司进行合作比较合适，超过 10 家就会很难应付。

对产品发布合作伙伴的要求

在对产品发布合作伙伴的战略中，你应该要求你的合作伙伴做到以下几件事情。第一，你的合作伙伴至少要在公布产品发布合作关系之前的一至两周内把一切都准备好，尤其是当发布的产品是面向大众消费者的时候。这样做的原因是为了确保产品经过充分的测试，为产品发布当日做好准备。第二，产品发布合作关系中所涉及的所有发布合作者都要在它们公司的博客上发表文章，以宣传这场产品发布，并说明它们参与其中的原因。这将是非常成功的策略，有助于你实现成功的发布。

将"乐意拥有"变为"必须拥有"

一旦你决定了正确的合作方式、期望取得的结果以及与之联系的合适人选，并且已经收到了产品的反馈，那么就是达成一项合作交易的时候了。确保这一交易达成最有效的方法是确保你的产品不仅对一家公司有用，还对另一家公司或其用户来说是必不可少的。

在合作关系中，"乐意拥有"可以是一家公司所垂涎的一款产品、一种功能或一种整合体验。通常情况下，这些额外的成果都是福利，而非必需品，这些成果都从属于整合一项技术、参与一次联合品牌推广，或者其他各种各样的交叉合作带来的成果。因此在某一特定范畴内，这些都被认为是一种非必要的合作关系，而不是一家公司的必选项。它可能是一家公司不需要的但"乐意拥有"的产品。任何一家公司都会遇到这些类型的合作关系，而且处于任何阶段的公司都会向别人推介或者被别人推介这些附加功能。

作为一位业务拓展专员，如果你推介的合作关系被认为是乐意拥有的类型，你就需要想办法在此基础上增加一些筹码，从而将"乐意拥有"变为一种"必须拥有"。这样的方法有很多。正如我们在前面中所讨论过的那样，最高效、最佳的"乐

"意拥有"合作关系往往涉及合作发布,"乐意拥有"是一种非此即彼的选择,竞争公司可能正在使用一款相似的产品,或者在一段很短的时间内已获得了大量盈利或来自消费者方面的奖励,并不一定非得选择你。

另一方面,如果你是"乐意拥有"合作推介的接受方,那你需要去主动地探索你渴望这次合作最迫切的原因,或者这次合作能让你感觉自己"必须拥有它"的某种特殊原因。"乐意拥有"产品的准入屏障通常会更高,因为你不是非要寻找那种类型的合作不可。

在你向一家公司推介合作发布方案时,你就为这家公司提供了一次机会,让它能够参与某些比你提供的选择更有用的事。这次机会将会成为新闻宣传稿或者用户推荐的重点。如果你具备对你的产品发布能行之有效地进行新闻报道的经验,那么通过参与发布,让你的意向合作公司看到报道的潜在传播范围将会是一种非常有效的将"乐意拥有"合作关系变为"必须拥有"合作关系的途径。

如果你想合作的公司的竞争对手已经在使用你的产品,那么你需要说明该竞争对手为什么会使用你们的产品,以及为什么这家公司没有成为你的合作伙伴。这种做法会是一把双刃剑。一些公司会嫉妒它们的竞争者,而另一些公司则会感到愤怒,并且不想和你进行合作,因为你和它们的竞争者在合作。这是一种非常危险的策略,只有当你确实有把握使用的时候再使用它。这一策略也会将"乐意拥有"合作关系变为"必须拥有"的合作关系。

第三种情形是,如果你为用户提供的是一次短暂的变现机会,那这可能就意味着你正在进行一次用户推广。例如,每位使用某个特定应用程序的用户都会收到某些应用的无条件使用权。如果你提供的是一次短暂的机会,你需要找出什么能够让你预期的合作者快速行动起来。这是另一种有价值的、变"乐意拥有"合作关系为"必须拥有"合作关系的途径。

例如,Aviary 已经在用户心中树立了这样的理念:在图片生态系统中,照片编辑是至关重要的,如果要将照片编辑好,你需要专门找一家公司来合作。照片编辑和处理工具是 Aviary 的核心业务。这就让它的合作者能够集中精力处理那些对它们来说更重要的事情。因此，Aviary 成功地把自己塑造成照片编辑领域不可或缺的一部分，所以许多与照片和图片有关的公司都想要和 Aviary 合作。

任何一段合作关系的目标都是要将这些"乐意拥有"的倡议努力变成合作伙伴眼中"必须拥有"的合作。实现这一改变的首要途径就是要想清楚你真正能提供的是什么，然后找出让它变得绝对重要的方法。

第 5 章

实战案例

恭喜你！关于业务拓展和合作关系，你已经学习了足够多的知识，在这两个领域里，你也算是有点厉害的人物了。

这本书的最后一章是"实战案例"。在这部分中，我们邀请了一些业内最优秀的人士来与我们分享他们在业务拓展、合作关系、企业运营以及创业精神方面的经验。在本书的前四章中，你已经了解了一些关于业务拓展技术、推介策略以及做成一笔生意的策略等方面的知识，其中还穿插了一些优秀的实践案例。确切地说，你获取了海量的信息！而理解业务拓展策略的最好方法是研究其他企业的实际案例，所以在第5章中，我们将邀请一些专家通过第一手经验和故事来对前面提到的各大原则进行说明。我们将阐述的内容包括如何与大公司进行合作、如何应付官僚主义、如何利用你的人际关系网来做生意，以及如何从业务拓展领域入手去创业或者如何从经营一家公司转向去做业务拓展。

我们咨询了很多不同的业务拓展专业团体，也咨询了一些企业的首席运营官、企业创始人、律师，以及那些与合作关系有着千丝万缕关系的人，请他们详细谈了谈他们的经验和专业特长。他们将告诉你他们是如何培养专长、如何做到今天这一步的，以及他们行之有效的合作关系策略是什么。

你会注意到他们都具备一些共同特点。他们中的好多人都是在年少时就已具备了创业精神，或者是他们的父母将"创业价值"灌输给了他们。他们中有一些人有技术背景，有些人则接受了正统的学校教育，或者在与业务拓展无关的领域接受了培训。但不管他们的背景如何，他们都是喜好社交的人，并且能够坚持不懈，愿意去与他人分享他们对社交关系网以及通过和他人接触来创造或增加价值的想法。而且他们所有人都从他们的同辈或者导师那里得到了很有用的建议，这些建议使他们成为了更优秀的业务拓展专员或者公司创始人。业务拓展容易吸引那些具备一些特殊专业性技巧及人际关系技巧的人们。

如果你的能力不及我们在本章中提到的这些人，那你也不必惊慌。在这些专业人士中，许多人有着不同的背景和技巧组合，我们（亚历山大和艾伦）也是如此。有些人拥有工程设计背景，但大多数人并没有；有些人能够在大型的知名企业做得风生水起，而另一些人则在名不见经传的小公司发挥自己的才能；有些人的父母具有创业精神，他们从小对创业的知识耳濡目染，而另外一些人则靠自己去摸索出一套技巧。这说明，对业务拓展专员或者创业者来说，并没有一定的标准要求。

大公司业务拓展

姓名：克里斯塔尔·伯格菲尔德

曾经就职的公司：StellaService、美国运通公司、万卓环球公关公司

克里斯塔尔·伯格菲尔德最近的工作职位是 StellaService 的业务拓展部副总裁。StellaService 是一家为客户服务表现做评估和评级的商业分析公司。作为一家 B2B 公司，StellaService 为客户提供平台，并提供数据分析，它们聘请伯格菲尔德是看中了她在合作关系和市场营销方面的专业技能。伯格菲尔德在位于俄勒冈州波特兰市的一家小型广告公司开始了她的职业生涯，在那里工作的期间，她凭借广告专业学士学位学习了一些广告业务方面的基础知识。20 世纪 90 年代末，她辞职去了万卓环球公关公司做了三年客户经理，负责微软公司的业务。正如她说的："在万卓环球公关公司工作的那些年，对我学习如何制定战略、捕捉机会、建立关系、随机应变以及不断学习等方面的影响最大。"

商学院的学习和从市场营销转到业务拓展岗位的经历

从事人力资源工作几年后，伯格菲尔德到纽约大学斯特恩商学院继续深造。这段学习经历从很多方面塑造了她的职业经历。她最著名的一段职业经历是在美国运通公司工作的八年，在此期间，她开始从事业务拓展工作。那么她是如何从公关和市场营销转向做业务拓展的呢？

"在一个合伙人营销团队（这是一个与美国运通公司的合作商们共事，并在全球范围内推销美国运通公司的飞行卡产品的团队）工作了几年之后，我加入了一个与银行建立美国运通卡分销合作关系的团队。我当时不知道这就是业务拓展。我只是想尝试一些我以前从未做过的新鲜事，而且我知道我在人际关系方面的能力将会是我的优势。我们从头开始围绕产品、定价、人际关系等创建了一个分销项目。最终

证明，虽然对美国运通公司来说，该项目并不是一个能够盈利的飞行卡购买渠道，但是对我而言，我喜欢这种作为一名企业开拓者的感觉。"伯格菲尔德说道。在创业公司，企业开拓者主要是指在公司有限的组织结构或资源内能够进行创新的人。

关于如何从市场营销职位向业务拓展职位转变，伯格菲尔德的建议是要专注于建立你的关系网：

> 如果你要从市场营销职位转向业务拓展职位，那么我想强调的是业务拓展和人际关系之间有紧密的联系——去接触别人，建立起人际关系，并维护好它们。我们每天都在和别人——内部合作商、供应商、广告代理公司进行合作，无论这些合作在不在自己的职务范畴内。如果这恰好是你很享受做的事，那么你就会很重视，并且会很胜任这一工作。

如果你一直以来都很擅长建立营销关系网，或曾成功达成过一些营销合作，那么当你试图转换到业务拓展领域或者其他的合作关系时，你的这些经验都能够对你有所帮助。

关于各大企业业务拓展之间的细微差别

大公司的一部分业务拓展工作需要在公司的文化和传统限制以及努力保持创新精神之间寻找一种平衡。

伯格菲尔德说："在一家有着150年历史的公司里工作，你会发现有一些人在创新，同时也有一些人在维持现状。"美国运通公司总裁艾德·吉利根（Ed Gilligan）试图在公司推动创新，并且以身作则地将工作融入到技术学习中。公司有很多鼓励创新的项目。但是当你尝试努力创新时，你还不得不与许多不同的部门进行合作，他们却会说："我们一直以来都是这样做的，所以我们不能进行改变。"

大型公司收到的合作要求，要比它们发出的建立拓展合作关系的合作要求多。因此，如果你在一家大公司工作，选择合作关系的过程有时候可能会不够透明或者令人费解。有些大公司在选择潜在的合作伙伴时会有非常严格的标准，尤其是在与小型公司进行合作时。但是据伯格菲尔德说，她在美国运通公司工作时，她的团队主要合作的公司都是它们主动选择与之合作的，而不是别的公司自己找上门来的合作：

> 我们会挑选一些自己想要合作的公司进行合作，这能够帮助一些小型企业用不同的方式推销自己。我们的目标公司类型是非常具有战略性的，且带有咨询性质。当我们确定某种需求以及某个不断增长的细分市场后，我们就会只瞄准那一领域，专注于研究对那一领域有帮助的产品。我们找到了20家从事搜索引擎管理软件的创业公司（这在当时是一个非常新颖但正蓬勃发展的行业），然后从这20家公司里挑选出一家进行合作。

搜索引擎管理软件碰巧成为市场中不断增长的部分，这是谷歌公司和其他搜索引擎的巨大成功。

"此外，我们还会考察这些公司是否有足够的财力支持，以确保与美国运通公司合作时对它们有利。至于我们与谁进行合作，这完全取决于我们的合作目的和对外计划。"她说道。

小型公司如何应付大公司的官僚政治

伯格菲尔德曾在大型和小型公司都工作过。她在美国运通公司工作期间，也和许多小型企业合作，这是美国运通公司"小型企业星期六"（Small Business Saturday）活动的一部分。她给这些小企业的建议是：

> 在和小型企业合作的时候，我经常告诫人们在加入合作的时候要睁大眼睛。不要向大公司做过多的承诺，以免让自己陷入一种以烧钱的方式取悦大公司的境地。与大公司合作也很重要。在StellaService工作的时候，我们与谷歌公司的合作非常成功，这段合作关系帮助我们和其他大公司达成了合作，从而使我们的公司发展壮大。
>
> 说起来公司的官僚政治，有时候人们不仅很难理解官僚主义，也很难对大公司保持耐心。我们没有给你回电话，很有可能是因为我们需要和众多的内部利益相关者进行沟通，而这需要花费几周的时间去安排，然后我们才能给予你一些有价值的答复。你不能认为这是针对你个人的行为。此外，如果我们最后

决定不立即与你合作，也并不代表我们从没想过要和你的公司进行合作。通常的情况是，与你所能提供的合作条件相比，我们有更重要的事情要解决。

伯格菲尔德想要提醒小公司的是，大公司的优先选项通常是分散的或者差异巨大的。不幸的是，对小公司来说，与大公司进行合作才是大交易，而对大公司来说并非如此。

关于创造性的业务拓展

伯格菲尔德在描述她对业务拓展的激情时常提到的一个词是创造性业务拓展，即创造一种前所未有的合作关系。不管是在大型企业还是新创建的小公司，伯格菲尔德都是这方面的专家：

> 大多数情况下，在你进行交易时，你必须写一份你从未写过的合同：这两家公司的技术从来没有进行过整合，所以我必须创建一种全新的合作关系。这两家公司希望一起合作，因为它们有着相似的任务或者客户群。所以让我们来看一下我们的有利条件以及我们能够做到什么，然后再去想该如何去做。

创造性业务拓展的一个经典案例是伯格菲尔德代表美国运通公司和 Clickable 建立的合作，Clickable 是一家搜索引擎营销、管理和智能平台。

"与 Clickable 的合作是这类合作的首例交易。我们要帮助 Clickable 将它的一款产品销售给小型企业主。我们能将美国运通公司在市场营销方面的优势和 Clickable 的产品优势结合起来，或者将"小型公司星期六"活动的首秀和 Facebook 联系起来。我们知道如果小企业能够在 Facebook 上进行广告营销，那么它们就会不断发展。美国运通公司该如何帮助这些小企业在 Facebook 上做营销推广呢？这是我们以前从未做过的事情。"她说道。创造性业务拓展并不一定是和小公司进行合作的大公司才会遇到的情况，但是根据伯格菲尔德的观点，当合作的一方极具创造力，并且很容易根据另一家公司的合作需要调整自己的产品时，进行创造性业务拓展就会非常有帮助。

关于工作与生活的平衡

众所周知，伯格菲尔德一直坚持不懈地花时间提升她的专业水平和个人兴趣，当谈起她的交易推介与达成工作时，关于生活与工作平衡的话题就常常被提及。"要么拥有全部，要么实现工作与生活的平衡"这一工作理念一直困扰着伯格菲尔德，但是她更关注的是"工作与生活融为一体"的观点：

> 我丈夫是一位真正的合伙人，我们俩在孩子的抚养问题上达成了责任平分的共识，并将这种思想灌输给我们的孩子，那就是爸爸妈妈都必须工作，而且这是生活的一部分。但是我讨厌"工作与生活的平衡"这一说法。我在美国运通公司工作的时候，我的上司也是一位母亲，她以前常常说："你只有一种生活。"我是这种说法的笃信者。工作和家庭是你生活的两个部分，当然有些时候有些事情也会失去平衡。"工作与生活融为一体"这一概念对于没有家庭的人们来说也同样适用。任何想要拥有一份事业的人都必须解决工作生活一体化的问题，就像如果你既想要跑马拉松，又想演奏乐器，那你就得做出同样的权衡。

伯格菲尔德的工作领域从公共关系转到市场营销再到业务拓展和合作关系，她的职业轨迹已经为她成为一位知名的业务拓展专家奠定了基础。她在大小公司的工作经历则让她理解了如何在联结公司与产品的商业世界中前行。

企业家精神与业务拓展

姓名：斯科特·布里顿

曾经就职的公司：SinglePlatform、Constant Contact、Sfter、Collegeonly

在普林斯顿大学读书期间，布里顿对政治政策和经济学比较感兴趣，但毕业之后，他对创业的兴趣与日俱增。他毕业之后在一位校友的公司工作，这家公司名为Collegeonly，也就是后来的YouAre.TV，专门开发在线游戏节目，在这些节目里任何人都可以成为参赛者。就是在YouAre.TV工作期间，布里顿开始了他的第一份初次业务拓展工作。在那之后，他创建了自己的公司Sfter。"这是一个筛选社会新闻的应用软件，和今天依然存在的诸多软件类似。"布里顿说，这个市场已经饱和了，所以六个月之后，他去了 SinglePlatform，成了这家公司首位无决策权的业务拓展员工。SinglePlatform 是一家服务公司，主要负责帮助当地企业与产品用户之间建立联系。

学习如何进行业务拓展

布里顿认为，投入时间学习业务拓展对于任何一位有志向成为创业者或志在创建自己公司的人来说是至关重要的。业务拓展结合了很多销售原理，而这些原理对于弄明白如何创建自己的公司又是非常关键的：

> 你成功创建一家新公司的能力取决于你能否创建一支出色的队伍，也就是说你需要吸引并聘请世界级的人才为你工作。这对我来说就是一次关乎销售与市场营销的挑战，这也是为什么掌握关键的业务拓展技巧（如说服力与亲和力）对一位有抱负的首席执行官来说如此重要。毫无疑问，最好的工程师都想要和最好的工程师一起共事，这样的情形并不少见，但你需要的技能是推荐一位出色的工程师，然后等着产生瀑布心理效应。也许正是因为我不能转行做工程师或设计师，所以我认为，有抱负的首席执行官们所能做的最好的事情就是进行出色的销售和市场营销，而业务拓展在许多方面都会帮助他们实现这一目标。

关于关系网

布里顿有一段不同凡响的工作经历，他曾就职于一位朋友的新公司。在他开始自己的创业追求之前，他在那儿学到了许多诀窍。他还利用他自己的关系网去学习如何在创业公司里应付自如，并最终应聘到 SinglePlatform 工作，在那里，他帮助 SinglePlatform 从头开始发展：

> 我是通过加入查理·奥唐奈（Charlie O'Donnell）的垒球队才进入 SinglePlatform 工作的。在我申请加入垒球队之前我并不认识他，但他当时是纽约知名的风投家，我认为能认识他会是一件很荣幸的事情。当时我的公司不是很景气，我觉得自己需要一些指导，于是查理就把我介绍给了 SinglePlatform 的伙伴们，他们当时正物色公司的第一位非高管的业务拓展专员。接下来的事情

大家就都知道了。

这一段经历让我明白了人际关系的重要性，以及你永远都不知道你的下一次机遇会来自哪里。我建议任何一个准备开始创业的人都应该在建立人际关系方面进行投资，要尽你所能与更多有用的人建立人际关系，和他们进行交流。

他还学习了建立人际关系网的技巧，并熟练掌握了某些技能。他说："在SinglePlatform 的工作是一段非常不可思议的经历，它教会了我很多东西。首先，如果你想将某些事情做好，那就去寻找这方面最擅长的人，并为他们工作。达到专业人士的标准绝对是最快速的学习方法，而我很幸运地接受了这些专业人士的指导并跟随他们进行学习，这些人是我认识的最具才能的业务拓展专员和销售专员。"

关于掌握浮夸销售

正如我们在第 2 章中所讨论的，业务拓展专员应具备的能力之一就是学习如何销售一件尚不存在的产品。布里顿是掌握这一能力的佼佼者：

> 预售（preselling）是验证某人是否真的想要你正在考虑开发的产品或功能的最终策略。掌握这项技能会为你节省不少时间和精力，这也是为什么这项技能是超能力的表现。
>
> 预售的关键是要理解人们想要的是什么。在你确实能够构想出一件虚拟的、但确实有用的东西之前，你需要咨询大量的问题，从而对合作方想要的东西有一个深入的理解。一旦你构想出来你所提供的东西，你就想要尽可能地让你的合作方认可你的构想，并且要求他在你投入时间或资源去进一步推动该项目之前，为这个项目贡献自己的一份力量。这份力量可以是金钱、资源，或者一些其他任何人都不具备的获得某些资源的渠道。但如果你得到的却只是一份无关痛痒的口头承诺，那你绝对不要继续向前。

在 SinglePlatform 工作期间最中意的交易

在 SinglePlatform 还没被 Constant Contact 收购之前，布里顿之所以在 SinglePlatform 一举成名是因为他精心策划了一些与知名大公司的合作。他的成功技巧包括他坚持不懈的精神，以及通过合作关系找到切中要害的问题解决法：

  我想说的是，我最自豪的交易就是与 TomTom 和黄页公司（Yellowbook）的合作。与 TomTom 的合作令我很自豪，是因为那是我们的第一笔国际交易，TomTom 是一家全球性的数据提供商，它能为一切提供数据，不管是我父亲车里的导航系统，还是苹果手机上的地图。

  而黄页公司对我而言意义非同一般，因为在我将和它们之间的合作最后达成之前的一年半时间里，我曾至少通过三个不同的渠道去接触它。这次合作是有关毅力和适应力的宝贵一课，也正是这次合作的价值所在。

移居巴西以及并购后的业务拓展

  对一家公司的收购对于不同的人来说有着不同的含义。有时，业务拓展专员想要快速接手新的事情，或者接受收购后提供给他们的第一选择（不论他们是否被要求留在公司）。对于布里顿来说，在和几位导师沟通之后，他的决定变得明朗起来：

  当我在寻求新职务的时候，我以为我会到另一家创业公司继续做业务拓展的工作。当时我与 Bonobos 的首席执行官安迪·邓恩（Andy Dunn）进行了一次谈话，我告诉他我拿到了几份工作的邀请。他直视着我说道："你不会接受这其中的任何一个邀请，对不对？"

  "你什么意思？这些都是很好的工作呀！"我记得我当时这样回答道。

  我永远不会忘记他的回答，很明显他的话全部说到了点子上。

  "无论你接下来要做什么，你都应该跳出你现在的职位……你看起来不像是会为了这些机会才要跳槽的。"

  他说得很对。我看了看摆在我面前的这些选择——加入另一家创业公司，和 SinglePlatform 的同事创建一家公司，或者和我最好的朋友们搬到里约热内卢，全身心地从事我正在发展壮大的数码产品业务，而最后一个选项是迄今为止最让我感到兴奋的。

  我原想在 2014 年的整个 8 月份都待在里约热内卢等待着世界杯足球赛的召

开，而且说实话，我完全不知道在那之后我是否要回来。

但我清楚地知道我永远不会完全停止工作。我享受工作。话虽如此，但我现在一点也不着急把工作的事情就定下来，这样能够让我去实现好多梦想，比如在我风华正茂的时候移居国外。毫无疑问，我最终还是想开创一些壮举，不过我感觉我还有时间。现在，我正在做一门有关"生活方式"的生意，销售我创作的网络课程。我的网店里有五门不同的课程，它们支付给我一笔可观的收入，以及一些有限的生活补助。我可能一周大概要花五到二十个小时的时间来做这项工作，时间的长短取决于我在开发课程这件事上有多大的野心。这对我来说是件非常酷的事情，因为我可以用这些时间去做其他感兴趣的事情，如冲浪、学习一种语言、谈恋爱，以及阅读所有我想读的书。

关于业务拓展和写博客

正如我们在第1章中讨论的，创建一个数字身份是非常重要的。这是布里顿在业务拓展方面取得巨大成功的关键因素之一。布里顿有一个名为"终生学习者"的博客，而且他在建立自己的网络身份方面所花费的时间，至少和他在发展自己的专业方面所花费的时间一样长：

> 拥有一个网络身份是非常重要的，我的博客就是这项事业的核心。我常常告诉人们，如果只有你公司的同事知道你的工作表现很出色，那么你很有可能会错失很多机会，即使这个机会只是接触一些能够帮助你的公司成长的优质人脉。如果你有敏锐的洞察力和宝贵的经验，请与世界分享，那样你会收到10倍的回报。

关于导师指导

业务拓展离不开导师的指导。每一位伟大的业务拓展专员都至少有一位导师，一旦有什么疑惑，他们都会向导师求助，无论是专业方面的，还是私人生活方面的。布里顿曾经和几位不同的导师有过一些宝贵的交流经历，并从中获得了一些非常有用的建议：

> 肯尼·赫尔曼是SinglePlatform业务拓展部门的执行副总裁，他无疑是我最

重要的人生导师。他教给我两件我永远都不会忘记的事情。

"重要的不是你在哪里，而是你和谁在一起。"我意识到对于我个人的幸福而言，我的同伴是谁要比诸如我的地理位置或者甚至是我为之工作的公司是做什么的要重要得多。

"人们往往会从自己喜欢的人那里买东西。"生活中很多东西从本质上来说都像销售。就像两件几乎相同的产品，总是讨人喜欢的卖家胜出的可能性大，而且这种强大的思维模式屡战屡胜。

最佳联络员

姓名：查理·奥唐纳

公司：Brooklyn Bridge Ventures

职位：创始人、风险投资家

曾经就职的公司：通用汽车公司、Union Square Ventures、首轮资本投资公司（First Round Capital）

查理·奥唐纳是一位地道的纽约人。他大部分为人称道的职业生涯都是在风险投资公司度过的。大学毕业后，他在通用汽车公司工作期间，主要从事养老基金方面的风险投资工作，并且在那里遇到了 Union Square Ventures 的弗雷德·威尔森和布拉德·博哈姆（Brad Burnham），这两人当时正在对奥唐纳的团队进行推介。奥唐纳没能为 Union Square Ventures 从通用汽车公司那里争取到投资，于是他在纽约科技领域复兴的鼎盛时期加入了 Union Square Ventures。他最著名的案例是在 2007 年的西南偏南音乐节（South by Southwest festival）上发现了 Twitter，并且深度参与了 Union Square Ventures 对 Twitter 的投资。奥唐纳现在是 Brooklyn Bridge Ventures 的创始人，这是一家处于起步阶段的风险投资公司。

纽约硅巷的工作经历

硅谷产生的科技公司遍布全美国（甚至整个世界），但是这些公司没有一家像硅巷一样多产。在过去 10 年间，纽约一直是新科技的发源地。这座城市敞开大门，主动筛选并招揽公司在其当地设立公司。这一举措是由纽约市前市长迈克尔·布隆伯格（Michael Bloomberg）带头发起的，旨在将创造力和资本带到纽约，而奥唐纳曾身处这一变化的最前线：

> 纽约聚集了各行各业以及各种各样的人。身处这样的环境，一个有着强烈求知欲的人能够快速地了解很多事情。我认为我最优秀的技能之一就是能够快速了解大量不同的行业是如何运作的。在布鲁克林长大的经历让我在和硅谷的人竞争时，有一种"他们以为他们是谁"的心理。让硅谷那些人见鬼去吧！我们将要在此地（纽约）开创我们自己的公司。

从风险投资这一有利的出发点起步，奥唐纳在塑造那些在纽约创建的科技公司时也颇有自己的一套。"我通过帮助 Foursquare 得到风险投资圈的认可，积攒了一些名气。正是这一经历让我成功被首轮资本投资公司聘请来帮助它们拓展在纽约的名气。而在首轮资本投资公司工作时，我还主导对 SinglePlatform 和 GroupMe 的投资，但这两家公司都很快退出了。SinglePlatform 被卖给了 Constant Contact，GroupMe 则卖给了 Skype。"奥唐纳说道。他帮助纽约成为了美国地图上的第二大科技中心，为在纽约创建的新公司以及总部在纽约的公司提供了服务。

关系网、业务拓展以及联系循环周期

奥唐纳是一位非常出色的联络人，为合适的团队做引荐，让他在风险投资圈中广为人知。"我希望自己是有用的，并且能够帮助他人成功，我喜欢这种感觉，"在谈到建立联系时，他这样说道，"还有，我以前也常常得到他人的帮助——所以我觉得自己只是在回馈那些我曾从别人那里得到的帮助。"

如何成为引荐高手？奥唐纳认为有两点最为关键：

> 第一，我认为在关于谁能让你花时间关注这件事情上，你需要设定非常高的标准。我可没时间去应付那些白痴。我每次给别人引荐的人都非常优秀——这都是我精心选择过的。第二，我有一项记住人们的故事和经历的诀窍，而且我真的非常好奇他们是靠什么谋生的，就好比我的脑袋直接连通了我的领英账

户，我能够快速知道我应该将你介绍给谁。

奥唐纳向来非常聪明，他能够在投资机会中充分地利用他的沟通能力和社交网络。如果是有关投资或合作的事宜，那他会去了解人们想要什么，而不仅仅是了解他们的观念或产品：

> 无论是线上还是线下活动，我都会亲自参与。不过，我寻求的不是交易，而是有趣的人，而且他们会给我带来交易。我参加西南偏南音乐节是奔着出席的人士和发言人而去的。我想在那里见到丹娜·博伊德（Danah Boyd）[①]，因为我正在寻找下一件大事情。
>
> 我在开始创业前，通过 Foursquare 就认识了丹尼斯·克罗利（Dennis Crowley）和纳文·塞尔瓦杜莱（Naveen Selvadurai），我分别联系他们是因为他们看起来像是我应该认识的人。他们是一些有趣事情的开创者，在整个纽约市都颇受尊重与爱戴。去结识这样的人正是我的工作。
>
> 我在布鲁克林的一个低调神秘的名为布鲁克林·贝塔（Brooklyn Beta）的会议上遇见 Tinybop 公司的劳尔，我只是简单地问了下他我能帮忙做些什么。这就是我如何从询问组织者需要什么帮助开始，到成功打入一个人气爆棚的会议的最佳例子。

帮助他人找工作

奥唐纳还利用自己娴熟的社交网络技能来帮助他人找工作。在硅巷，他以为人们在迅速发展的科技公司找到工作而闻名。他已经为大约 40 人在创业公司找到了工作，并因此建立起了帮助人们招聘的名声。他对于选择工作或者建立人脉的建议是，要清晰并简练：

> 我不认为盲目地联系他人寻求帮助是正确的。相反，要有的放矢地与他人进行联系。你为 Y 公司做 X 事情，再由 Z 成功来证明。一旦你证明了自己的

[①] 博伊德是一位社交媒体学者、青年研究员，供职于微软研究院。——译者注

价值主张，任何一位有着广大关系网的人都能将你带到最合适的人面前。比起帮助个人寻求工作，我更在意的是，我如何努力帮助创业者们创建最好的团队。如果你不确定为什么某人应该雇用你，不确定是什么能让你脱颖而出，那么把你举荐给一位创业者就会非常困难，因为他把全部家当都投在了这家公司上，容不得半点闪失。

风险投资和写博客

奥唐纳也是一位活跃的博主，而且他说他之所以这样做是为了让他的想法与时俱进。他还认为是他的博客"这将变得伟大"（This Is Going to Be Big）能够帮助他进入了风投的世界：

> 我之所以开始写博客，是因为我要每天练习写作，为写一本目标读者为年轻大学生的职业建议书做准备。当时没有人想出版这本书，但我又不想停止写作，所以就改为写博客了。
>
> 写博客确实是 Union Square Ventures 雇用我的原因之一。博客不仅是一个营销渠道，还是使我受益匪浅的思维训练营。运用每天从推介活动、新闻、讨论、会议等渠道获得的不相关的数据，努力构思出连贯的故事是一种重要的训练方式。如果我当初没有写博客的话，那我对风投领域市场的前景就不会有足够的洞察力。

他的博客内容都是与尽早抓住机会有关的，还有他对未来发展趋势的看法。

法律工作与业务拓展

姓名：理查德·布鲁姆

公司：Onswipe

职位：运营总监

曾经就职的公司：赫斯特集团、UGO Networks、5min Media、美国在线、Simpson Thacher、Hogan Lovells

理查德·布鲁姆现任 Onswipe 公司的运营总监，他在新泽西州的普林斯顿长大。在他大学毕业的时候，互联网行业的繁荣才刚刚开始，但他从未真正考虑过从事与互联网行业相关的工作，而是决定考取法律学位。他曾就职于位于纽约的 Simpson Thacher 和 Hogan Lovells 律师事务所，他的法律职业生涯主要是和科技界和新闻媒体有关。但最终布鲁姆还是从法律圈跳槽，转而成为合伙人，并转去科技行业从事业务拓展方面的工作。他充分利用了自己的法律职业经历，督导过两家企业成功地实施了并购退出：UGO Networks 是一家在线媒体，后来被卖给了赫斯特集团；2010年，教学视频平台 5min Media 被卖给了美国在线。

转行做业务拓展

从法律行业转行做业务拓展并不稀奇，因为某些交易谈判技巧对这两个行业来说都是共通的。布鲁姆在法律行业工作五年之后做出了这一转变：

我原以为我的下一次工作变动会是去一家大型媒体公司从事法务或企业事务方面的工作。2005 年，我在 UGO Networks 偶然地获得了一次工作机会，担任该公司唯一的法律顾问并兼任公司的业务拓展专员。工作了一周之后，我意识到创业公司的工作氛围对我来说是很理想的。在那之后，我明白我想要尽可能地做业务拓展，而不是继续从事法律工作。我的业务拓展工作涉及垂直广告网络、企业并购（我们达成了六位数和七位数的收购交易），以及典型的内容或技术合作。

两年半后，UGO Networks 被卖给了赫斯特集团。在业务方面，我参与了公司出售的大部分过程，并从法律层面给予其指导。在卖掉公司之后，我想要在一个尚处于发展早期阶段的创业公司求职，并彻底放弃法律的职位（既充当业务方面的交易人，又确保我们在法律层面一切都妥当，充当这样的双重角色不但非常困难，而且很危险）。不久，我加入了 5min Media，那时候它们刚刚从 Spark 资本投资公司获得第一轮投资。我负责业务拓展的工作，并和 5min Media 的首席执行官兼创始人，以及另一位更年轻的业务拓展专员一起在纽约设立了办公室。当时，我们在以色列有 12 位工作人员，而在纽约就只有我们三个人。

我们的业务拓展工作包括内容合作和出版物发行（我们提供一站式的视频解决方案：我们发行视频的时候会配置一个专用的视频播放器，这一播放器所采用的技术能够从内容层面将视频和网站每一网页上的文本匹配起来，以及/或者通过出版者的视频编辑搜索）。

当布鲁姆还在法律界的时候，他就被创业公司所吸引。"我很享受不那么正式的工作环境、能够更加有影响力，以及少一些专家的能力，为此，我从一名诉讼律师转去负责督导所有的法律事宜，并将我的一半时间花在业务拓展上。"

在企业并购方面的经历

布鲁姆帮助规模化发展的两家公司都被成功地收购了。他说道："UGO Networks 拥有运营了 10 年之久的相对成熟的业务，现在正是其投资人和管理者退出的好时机。"UGO Networks 最终被卖给了赫斯特集团，成为了赫斯特集团推动其线上媒体战略的一部分。

布鲁姆认为并不存在什么最佳的收购时机：

> 总的来说，大部分的创业公司都不能也不应该努力在一个特定的时间被收购。5min Media 被美国在线收购的时机是合理的，而且我们真的相信我们能够在一家更大型公司的庇护下更快速地成长。

> 经历过两次并购是非常令人激动的。当你身处一家创业公司，你就知道成功其实就意味着被别的公司收购，除非你们的公司确实能够进行首次公开募股（IPO）。在我两次并购的体验中，被并购公司的员工都对退出感到非常兴奋，这让他们感受到了一种真实的成就感（与任何经济上的益处无关），这种成就感来自他们建立了一家赫斯特集团和美国在线都愿意花巨资购买的公司。在我经手的两起并购案中，没有任何一个人因为收购丢掉了他们的工作。如果情况不是这样的话，那么我确信他们的情感会有所不同。

根据布鲁姆的理论，参与谈判和过渡计划是他职业生涯中最有趣的职业体验。将 5min Media 卖给美国在线是他职业生涯中最有收获的一次交易，并且这也确实是让他感到最为自豪的一次交易。"我感到最自豪的一次交易，是将5min Media卖给美国在线。我认为那是它们所做的企业并购交易中最好的一次，并且坦白地说，就被收购公司的市值以及收购成交价来说，这是过去若干年中最好的企业并购交易之一。"

广告商支持的出版商网络和业务拓展

布鲁姆在业务拓展领域的专长，源于他还是律师时对媒体和娱乐领域的关注。在广告商支持的出版商平台以及出版商网络方面，他无疑是一个行家。这些出版商平台和出版商网络都是内容生成网站，如美国在线或者雅虎公司，而且他还在UGO Networks和5min Media工作过。广告商支持的出版商平台是业务拓展的重点区域，因为合作商想要利用这些出版商平台的优势，来促进它们自己的待售产品。但这到底是如何发生的？

这纯属偶然。UGO Networks是一家由一个垂直广告网络组成的自有网站。而5min Media是一家广告商支持的出版商平台。在美国在线工作的时候，我负责的业务包括持续运营5min Media的平台，还接管了Ad.com的视频网络。而现在，Onswipe也是一家广告商支持的出版商平台。当然，这并不是说我打算关注这一领域，而是（对我来说）让我感到很开心的是，我的职业经历也涉及了这些领域。

交易策略有好有坏

布鲁姆说他曾经做过一些最好的交易，但在它们达成之前看起来却像是最糟糕的。能够辨别出这些看似最糟糕的交易将会使你获得成功，但你需要拥有业务拓展的广阔视野，这是我们在第1章中讨论过的。很显然，布鲁姆拥有这样的优势，对此，他是这样解释的：

> 假设我正在一家有A轮资本支撑的创业公司（意思是这家创业公司已经获得了它们的首轮融资），它是一家出版平台。我最典型的交易条款是五五开的收益分成，最高我也就给过一位出版商六四开的收益分成。一家大型的体育网站（这是假设的）愿意和我的公司做一笔买卖，但是它的条件是收入分成为九比

一，即它们拿九成，只有答应这样的条件它才做。从财务角度看，这笔生意似乎是一个非常糟糕的选择，我很有可能会在这项交易上损失钱，并且也会降低我的利润。但是有这家大型的体育网站作为我的合作商，我将会吸引大量其他的出版商，而且仅仅是那家体育网站的品牌就会对我的下一轮融资起到很大帮助作用。达成这项交易将会产生光环效应，而且还会获得可信度的证明，总之，即使利润上有些损失，也是值得的。

一些生意的复合效应除了会带来其他潜在的合作机会外，还会带来潜在的财务收入。另一方面，布鲁姆做过一些最好的交易，也都是与一些名不见经传但流量巨大的品牌的合作：

我能列举一个和 Answers.com 有关的真实案例。我在 5min Media、美国在线以及现在的公司 Onswipe 工作期间，都与它有过合作。它有着巨大的流量，而且拥有一支非常优秀的团队，这个团队从各个层面来说都不比我曾经合作过的公司的任何一个团队差。它还是一家有着大型团队并且资金充裕的公司。此外，Answers.com 还有许多其他的网站，有着惊人的流量（数以百万计的月度访问者），它们都是由一些小团队依靠自身的努力开发出来的。这些团队想要通过合作来提升公司的技术与收益。和 Answers.com 做交易，你无须越过不同管理层的层层关卡。通常，你只需通过向该公司的首席执行官、所有者或联合创始人进行推介，就能快速完成一项交易，而且他们也不害怕去尝试一些新鲜事物。

业务拓展和谈判

布鲁姆把法学院的谈判课看作他在职业生涯中使用过的最强大的技巧之一：

有两门课程教给了我在日常工作中最实用的技巧。一门课是高中时期的打字课，另一门课是我在法学院学过的谈判课。在那次谈判课上，我学到的最基本的常识是，当你为一项交易谈判时，一定不能陷入你想要一些东西，而你的竞争对手想要另外一些东西这一认知中。重要的是要了解清楚为什么你的对手会有那样的要求，然后无论你选择的是什么，你都要解释清楚你为什么想要这些东西。我认为我所看到的业务拓展专员在交易谈判中所犯的最严重的错误之一就是，他们陷入了"什么"里，而没有搞清楚"为什么"，这就使得找到一个富有创造力的折中方案变得异常困难。

正如我们在本书第2章所看到的那样，考虑到达成合作过程中的来回反复，掌握谈判技巧对业务拓展专员来说是至关重要的。布鲁姆的建议是深入挖掘你对另一方所做出的假设，并真正地理解他们为什么认为这一合作关系对他们来说是有意义的。然后，将这一点为你所用。

潮流缔造者

姓名：加里·维纳查克

公司：Vayner传媒公司

职位：创始人兼首席执行官

曾经就职的公司和出版过的书籍：Vayner传媒公司、葡萄酒图书馆（Wine Library TV）、《打压》（Crush It）、《猛击、猛击再猛击》（Jab, Jab, Jab）、《右勾拳》（Right Hook）、《感恩经济：新媒体时代的口碑营销》（The Thank You Economy）

维纳查克是一位"彻彻底底的企业家"。他三岁的时候和父母举家从白俄罗斯移民到了美国，并跟父母学习创业。他父母开了一家葡萄酒专卖店，1996年，维纳查克将这家店进行数字化，建立了winelibrary.com（这是非常早期的电子商务，尤其是对于一家酒类专卖店来说）网站。他通过将葡萄酒分类，放到网上销售，将他们家的葡萄酒专卖店变为了一家价值4500万美元的公司，这也是首批在线销售葡萄酒的公司之一。

十年后，维纳查克开始拍摄关于葡萄酒的视频短片，并很早就将这些视频放到了Facebook和Twitter等网站上。他成了众人熟知的技术潮流缔造者。"我开始利用Facebook和Twitter以及其他同类型的网站来宣传那些视频，实际上我很早就已经充分利用这些机会对诸如Twitter和汤博乐这样的网站进行了投资。投资得到的回报又引领着我开始建立作为一位商人的个人品牌。我开始制作有关商业和技术方面的视频，这些经历又让我写了一本名为《打压》的书，这本书迅速走红，也最终让我成为了一名演说家。"维纳查克说道。

维纳查克在社交媒体方面的投资、他的个人品牌以及建立 winelibrary.com 的经历，让他和他的哥哥开创了 Vayner 传媒公司。

维纳查克的专长在能先于别人发现商机。他这样说道："我很早就开始做技术生意，并且我做的都是我最擅长的事情：打持久战和建立人脉。非常坦白地说，我做得最好的葡萄酒买卖，以及我为 Vayner 传媒公司签订的合同都是得益于我一直在做长期交易。我在交易达成方面的专长在于，我只考虑那些能做 20 年的交易，而不是只适合当下的交易。"

尽早认清趋势

维纳查克对新趋势很有先见之明。像其他企业家一样，他愿意为还处于早期的新产品和新趋势去冒险。20 世纪 90 年代中期，电子商务还没有蓬勃发展，他就开始在网上卖葡萄酒，这是有一定风险的，毕竟相对来说，网上销售还是一个没有被论证过的概念。比起虚拟购物来说，当时的人们更喜欢去实体店购物。他花钱将店里的葡萄酒数字化，如果当时所建立的网站没有成功的话，那他这样做的风险是很大的。当问及他是如何尽早识别新趋势时，他这样回答："我认为世界一直在不停地循环。如果我看见了一些我以前看到过的东西，并且/或者如果我的直觉告诉我，人们将要去做这件事情，那么我就会去做。"

维纳查克是 Facebook、Twitter 以及汤博乐的早期投资人。一些人也许会认为这是运气，但他却相信自己的直觉：

> 我投资了汤博乐的 B 轮融资（即第二轮融资）。相比大多数人，我对这家公司的看法是正确的，我比他们要更早地预测到这家公司的发展前景。Facebook 和 Twitter 完全是关系型公司。

他最喜欢的投资回报

通过广为人知的"一美元故事",维纳查克年轻时就学到了寻求早期市场营销机会的价值所在。"1992 年,一美元店就开始销售欧洲足球队阵容的照片,这在美国是买不到的。当时是前互联网时代,我能够从这样的店里以一张一美元的价格买到一大堆球星的照片,而在其他地方,这些照片一张价值 70 美元到 200 美元不等。在我买了这些照片两星期之后,我到一家经营棒球店的商场里见到一位经销商,卖给了他 14 张照片,挣了 3000 美元,然后在 1986 年又以 3000 美元的价格卖掉了一些篮球队新秀卡。那一直是我最得意的交易。"他说道。

在行业内拓展人际关系

当我们看完这本书后,我们就会发现一位业务拓展专员的强大完全取决于他人际关系的强大。维纳查克关于建立关系网的建议是,去结交朋友、去倾听然后进行交谈:

> 建立关系网最好的途径就是倾听,并将自己置于最佳的成功位置。也就是说,最重要的事情就是你尽可能多地参加会议,去各个会所,并且争取在 Twitter 上尽可能多地联系别人。与别人建立关系网的最好途径之一就是要去询问。还要记住,要大量阅读并且在博客帖子上发表评论。你需要去交谈,但是进行睿智交谈的最好途径就是首先要倾听。

从业务拓展专员到创始人

姓名:特里斯坦·沃克

公司:Walker & Company

职位:创始人兼首席执行官

曾经就职的公司:Twitter、Foursquare、Andreessen Horowitz

消费品生活模式品牌 Walker & Company 的创始人特里斯坦·沃克出生在纽约的

皇后区，并在这里长大成人。在他读大学的时候，他决定尽快尽可能多地赚钱。他决心通过以下途径来实现此目标：成为一位职业运动员，或者去华尔街工作，抑或成为一位企业家。第一个途径很快就被排除了，所以他选择了第二种途径——去华尔街工作。他从学校毕业之后（仅仅用了三年时间，他就完成了学业并成为致毕业词的学生代表），找到了一份石油交易员的工作，但是他非常讨厌这份工作。

两年后，他打算尽可能远离华尔街，越远越好，这不仅是说说而已，他也真的这么做了。他去了斯坦福大学学习，拿到了工商管理学硕士学位。在斯坦福大学学习期间，他在 Twitter 公司实习，有幸见证了 Twitter 早期超速发展的神话。沃克说他在办公室看到 Twitter 的创始人们上《奥普拉脱口秀》（The Oprah Winfrey Show）节目的经历，对他来说这简直就是梦幻般的回忆，这一回忆一直萦绕在他的脑海里。沃克之所以在网上出名，是因为他写的有关通过电子邮件盲目地联系 Foursquare 联合创始人丹尼斯·克罗利和纳文·塞尔瓦杜莱的博客文章（在他们回复之前他写了八封邮件），而且他通过这种方式得到了在 Foursquare 工作的机会。

作为第一位业务拓展雇员，他在 Foursquare 工作了两年半的时间，并带领 Foursquare 与一些美国最大的品牌达成了合作，如美国精彩电视台、美国有线电视新闻网（CNN）、《纽约时报》等。沃克在结束了在 Foursquare 出色的工作之后、创立自己的公司 Walker & Company 之前，又在 Andreessen Horowitz 风投公司担任常驻创业者，Walker & Company 当时正在寻求开发能够与宝洁公司及同类公司的产品相媲美的消费产品。

通过做生意折射你公司的将来

沃克赞成能让你公司受益的交易模式，但他说更重要的是要在建立合作关系时具有前瞻性。要努力保护能够帮你确定公司未来发展的合作关系：

> 我刚刚在 Foursquare 工作的时候，每天都会收到 600～700 封有兴趣与我们公司合作的人发来的电子邮件。其实我不能一一回复所有的请求，但还要保持头脑清醒，满足所有人的要求。
>
> 于是我们决定盘点一下垂直细分市场，并选出每一细分市场的特许品牌。

我们想要和每个垂直细分市场中最大的品牌合作，例如，媒体界的《纽约时报》、消费类包装商品界的百事公司，然后我们会和这些品牌的负责人员进行谈话："我们不知道这个平台会变成什么样子，请帮助我们。"我们也会告诉其他所有人，要保持冷静。

当我们将 Foursquare 向各大品牌开放时，我们和一家拥有流行电视节目且想要和我们合作（我们是这一平台想要合作的第一家公司）的工作室接洽过。而且我们已经和那家工作室草拟了一份合作协议，但后来美国精彩电视台又来找我们，所以我们难以抉择：一个是非常受欢迎的渠道，并且对塑造我们现今用户群的形象有着很大的影响力，另一个是一家大型的电视网络，它能在节目里为我们提供展现的机会，并且受众很广，但感觉当时的节目质量不是太高。

我们仍然在努力寻找我们的用户。尽管在当时，美国精彩电视台是一个质量不是很好的品牌，但它拥有不同的观众群，而且我们需要的正是它所拥有的多样性和影响范围。于是，我们决定和美国精彩电视台合作，并在 2010 年 2 月正式公布合作，同时推出商业广告、产品整合，以及在电视节目上的简短陈述。我们给了美国精彩电视台一周的独家新闻，随后在 2 月 15 日，我们宣布了与其他的如星巴克、华纳兄弟娱乐公司这样的垂直领域领导品牌，以及我们所拥有的 10 家或 12 家其他大型渠道广告商进行合作。当年的整个一月份，我都非常紧张。但是在公布所有的合作之后，一些我们已经与其终止了合作的渠道也都和我们达成了合作。所有的努力都得到了回报。

从理智上来说，我学到的有趣的一点是，每瓶百事可乐旁边都会有一瓶可口可乐，每瓶可口可乐旁边也都会有一瓶百事可乐。各家公司不会因为你和一家品牌合作而不和另外一家合作就会迁怒于你。它们知道你的精力和时间有限，它们是不会怪罪你的。

我从中还学会了专注、专注，再专注，尤其是要专注于你想变成的样子，而不是专注于你现在的样子。

业务拓展价值观

沃克与男演员泰勒·派瑞（Tyler Perry）一起为美国运通公司到美国的三个不同

城市做过一系列的问答活动,在这期间,他经历了价值观上的转变:

两年前,泰勒·派瑞和我到过三个不同的城市,去那里和当地的创业者们谈论他们在当地的创业经历。派瑞在成名前没有自己的房子,睡在他的车里,而现在他已经是整个好莱坞票房收入最高的演员之一。在一次活动中,有一位女士问了她一个关于"你是如何坚持下去的"的问题,直到今天,我仍然将派瑞的回答铭记于心。他说:"有一天当你意识到你正在经历的考验和你所看到的恩赐其实是同一件事情时,你就会变得很平静。你通过它们变得更好,你从它们身上有所收获,然后你希望它们不要再发生。"对你所相信的东西多一点信念,会让你大为不同。有一些事情在你的掌控之中,也有一些事情完全超出了你的控制范围,而你所能做的就是继续充满希望,然后理解这一切都是恩赐。

不管什么时候,有人跟我说"不行"时,我会问他为什么不行,他也许会给我一个原因,也许不会,但无论如何,提问总是有用的。很多人没有意识到的一点是,有很多事情都是不应该去做的。人们反反复复地追求那些对他们来说并不是最好的东西。直到我确信创建 Walker & Company 是正确的,我决意要做一些与众不同的事情,并且我有信心能做好时,我才会坚持不懈地去实现自己的梦想。

天生创业家

姓名:萨艾瓦·沙哈(Shaival Shah)

曾经就职的公司:Hunch、易贝、TA Associates、美国艺电公司(Electronic Arts)

萨艾瓦·沙哈从出生的第一天起,诚实和创业者的价值观就被源源不断地灌输进他的脑袋里。他的父母于20世纪60年代从印度移民到了美国,所以他在旧金山郊外的东湾区长大,住在一个名为丹维尔的印度人小镇上。沙哈的父母开了一家按订单生产的个人电脑公司,他从自己父母那里学习了技术和创业精神。他的父亲教他如何运营一家公司,他的母亲则给他灌输了很多销售和财务技能。沙哈想要去学习硅谷文化。

大学毕业后，沙哈将他在学校学的生物学放到一边，当了两年的科技投资银行职员，并在之后跳槽到了 TA Associates，这是一家私募公司，主要关注那些成长型、自筹资金的企业。他将他在银行机构的工作经验充分应用到了美国艺电公司的业务拓展职位中，在美国艺电公司的工作开拓了他对业务拓展领域的视野。他先后在几家创业公司工作过，职位包括 Hunch 的总经理以及业务拓展部门主任。他曾说："一家预测性技术公司构建了人与物之间的相互联系。"2011 年 Hunch 被卖给了易贝公司，沙哈也在易贝公司工作了一段时间。

年轻时养成的创业者精神

沙哈的家庭无论是对他的个性发展还是职业发展都有非常大的影响。他父母以仅仅一万美元开办的公司打开了年轻的沙哈的眼界，并教会了他如何运营一家公司：

> 我记得事情发展得非常快，而我喜欢这样。那时候，每件事情基本上都是先在纸上完成，然后再转化为工作手册。我做了大量的计算工作以及更新库存量、核算库存价值的工作。我喜欢数字。我喜欢被依赖的感觉。

他也谈到了他父母教给他的不同技巧，这些技巧对他以后在商业领域和创业公司的发展起到了很大的帮助作用：

> 我父亲负责所有运营方面的事务（购买和建立），我母亲则负责销售和财务。我长大以后开始做越来越多的工作。我开着皮卡从当地经销商那里拉货，然后快递给顾客。我母亲喜欢顾客到店里来取他们订购的货物，这样她就能够进行交叉销售。我父亲则喜欢将最终产品快递到顾客的家中或者公司，因为他看中的是服务的重要性。我喜欢听他们辩论（争吵）他们各自的方法的优缺点。虽然他们一直都存在分歧，但他们共同遵守一条基本准则，那就是着眼于小事情，并且把这些小事情做好，不管这些事情是多么渺小。

如何学习业务拓展

尽管沙哈在学习如何白手起家创业方面有非常扎实的基础，但他没有接受过正式的业务拓展训练。他在很大程度上依靠自己以往的职业经历来学习他今天所需要的各种业务拓展技巧：

> 我认为业务拓展是一家公司最易被误解的工作之一。业务拓展是一项需要具备多种技能的工作，这些技能涉及市场验证、分析、变现或者商业模式、销售、市场营销、法务、谈判、产品、技术以及综合管理等。
>
> 对我来说，在我的业务拓展经验中没有什么高招诀窍。它就是一系列经历的集合。银行业务和私募公司都会有大量谈判、交易架构以及法律合同方面的工作。在美国艺电公司工作时，我学会了如何开展协作营销，从而推动用户采纳和增长。在创业公司工作时，我重点关注如何在用户采用和实现盈利之间寻求平衡，同时作为生产团队的延伸来推动市场对第三方要求的反馈。创业公司的环境是我迫切需要的，这样我就可以更全面看待一些我能理解得更好的技能（如法律、谈判、投资整合等），也可以更加清楚业务拓展是如何真正帮助一家公司壮大的。

从银行业跳槽到企业发展职位

沙哈先后完成了让人梦寐以求的从银行业向企业发展，并最终成功驾驭业务拓展职位的转变。虽然"业务拓展"和"企业发展"这两件事，对正在寻求向创业领域挺进的金融服务行业的从业人员来说，听起来像是很时髦的事，但沙哈很清楚地知道他自己在做什么：

> 当我离开银行业和私募公司的时候，我没有一点市场运营能力。我已经毕业五年，生活在旧金山湾区，我的同行们都早已在我之前一头扎进了创业的世界中。我意识到我的长处之一是进行投资整合、企业并购以及投资。所以我需要利用自身薄弱的优势获得一个运营职位。后来我有幸在美国艺电公司谋得了企业发展一职。
>
> 我知道一旦我进入了美国艺电公司工作，将我的工作职责延伸到更加传统的运营职位上就会容易得多。正所谓"条条大路通罗马"，这对我来说，才是有

意义的途径。在美国艺电公司，我能够马上跟进工作并立即做出成效。在一天工作结束时，完成我手头的任务是最重要的事情。这样做会给人留下我很擅长做某些事情的印象，从而让我在美国艺电公司建立可信度。

从此，我的发展道路一马平川。我愿意相信技术领域的唯精英论，但也承认技术血统的重要性，尤其是在硅谷这样的地方。你曾经工作的地方，是你将你自己置于什么样的商业成功环境下的试金石。那时候，游戏市场炙手可热，美国艺电公司为我提供了专业知识基础以及公信力，让我变得更强，即使我最终离开了那里。我从来没有真正地把企业发展一职当成自己的保值措施，而是将其看作到达我一直追寻的运营职位中间的重要步骤。这是对未来的投资。

将应用程序接口作为新的业务拓展

弗雷德·威尔森以及卡特琳娜·费克（Hunch 的联合创始人）早在几年前就预言，应用程序接口将会使业务拓展和合作关系沦为过时的东西。沙哈在 Hunch 公司成功地开发了应用程序接口，并在与合作商的一起努力下，使之获得成功。他相信这些应用程序接口应被视为"一个在公司内部被开发成一项业务的产品"，而不是一个独立完整的包装：

> 我相信许多这样的想法都得到了很好的印证。但是我认为你需要客观看待并真正理解应用程序接口与业务拓展之间的关系。以前，公司的技术需要进行大规模的整合。双方公司的项目经理团队需要在各职能部门的头儿之间进行协调，从而使软件得到完善。如今，这一模式已经被打破了。
>
> 整合的费用将影响着公司的财务状况，从而导致以成本来定价，而非以价值来定价。软件即服务（SaaS）代表着企业技术，就相当于一个应用程序接口，能够让第三方想要延伸到其客户的产品和技术得以实现。想象一下，对第三方来说，整合到 Twilio 公司的应用程序接口，会让其使用电话通信系统变得更加容易。
>
> 在应用程序接口出现之前，（一个技术产品的）集成要比现在费时得多，因此也昂贵得多，而且技术产品会因为标价高被挤出市场。除此之外，如果没有

应用程序接口，Twilio公司可能还要花上好多年，才能成功地将自己发展到今天的规模。应用程序接口为一家业务拓展和产品公司解决了技术整合和规模化的问题。而且通过有效的整合，我们看到了更高水平的实验性创意、插件以及更多推动创新的经验，因为这一接口很容易进行测试，并且能在快速失败后继续向前推进。

应用程序接口的出现应该是业务拓展团队最大的幸事。它能够让业务拓展团队关注到新的产品市场匹配、新的商业模式、有趣的协作营销关系，以及诸如此类的事。归根结底，那些趋于成功的自我服务、软件及服务的应用技术，也会向那些关注于大型客户、大宗交易以及新市场的、经验丰富的销售机构倾斜。在这一方面，应用程序接口和业务拓展没有什么不同。

独特的合作以及特定的产品

建立合作关系通常是为了规模化，如果有必要，合作关系可以重复建立。人们通常需要去构建合作关系，这种合作关系是个体公司所特有的。沙哈现在已经是建立这种规模化合作的高手了：

> 我通常会从我们的产品能够解决的问题入手。这样的方式最初通常只涉及功能层面，而不是行业层面。例如，在Hunch公司的时候，我们知道我们拥有一款强大的名为Taste Graph的工具软件。但从本质上讲，用户与用户之间、用户与事物之间的相互关系，以及做出预测才是我们真正擅长的方面，然后将这种预测和推荐领域紧密地结合起来，是我们所能够解决的问题。基于此，我们花费了大量的时间来确定一家公司正在面临的问题，以此找出是否存在一个能够解决这些问题的市场。
>
> 例如，我在Hunch公司与Gifts.com做生意时，Gifts.com网站有一个非常有趣的问题：它们的用户买的礼物往往不是给自己的，而是给朋友和家人的，但是这些用户却没有一个能够对他们的朋友和家人做一些个性化喜好预测的途径。尽管这不是我们考虑的使用案例，但它却是一个出发点，以便了解这家公司面临的主要业务挑战，从而获取人们对解决这些事情的意见反馈。此后的问

题就是你能否支持它们应对那些挑战。事情发展到这一阶段，我通常会和合作商的产品团队进行合作。

实际上你需要从这些人的角度看这个世界，从而帮助他们充分思考他们应该如何思考用户体验，同时管理好对你自身能力的期望值。一旦你已经有办法帮助解决这些功能性问题，你就能确定你是否可以专注于某些特定的垂直细分市场。在 Hunch 公司，我们在电子商务和媒体界拥有强大的地位。当然还有许多其他问题，但是这个问题足以让一个开放的应用程序接口帮助你了解垂直细分市场，潜在的合作商会在这些垂直细分市场中看到用户的需求是什么。

收到的最好的业务拓展建议

沙哈很重视业务拓展管理人员的领导力，因此它在雇用谁、为什么要雇用这个人方面会非常谨慎。他喜欢关注销售和业务拓展之间的差别，正如我们在本书第 1 章中概述的那样，而且他要确保雇用的员工能够把握这些对业务拓展非常重要的细微差别：

你要知道你为什么要聘用一位业务拓展专员。业务拓展专员不是一名销售人员。业务拓展专员需要明确、证实、进而开拓新兴市场。其核心在于，业务拓展专员本质上就是一位具有战略眼光的人，而且要有很强的执行欲望。你需要去寻找那些能够从纷繁复杂中看到未来商机的人，而且不只是关于商品、销售和市场营销的商机。你需要一位有很强执行力的领导，他能够明确新的产品，并能够将有关这一新产品的信息清楚地传达给市场，进而帮助建立起经济模式来。

宿舍交易缔造者

姓名：安德鲁·费伦齐（Andrew Ferenci）

职位：天使投资人

曾经就职的公司：Spinback（卖给了 Buddy Media）、Buddy Media（卖给了

Salesforce)、Salesforce

安德鲁·费伦齐是一位创业神童,他19岁的时候就开了一家公司,以追求他的创业激情。但他其实在这之前就已经开始创业了:

> 我在明尼苏达州长大,本·格雷兹(Ben Glaze)是我孩提时期最好的朋友,我常常和他一起经营一些小生意,从为学校曲棍球队的服装做丝网印刷,到在希伯来学校(Hebrew school)门口卖小吃给那些饥肠辘辘的同学们。

他创立的第一家公司名为大学小屋网站(thecollegeshack.com),是一个专门销售大学服装的电子商务零售店。这次创业经历教会了他建立和设计网站的技能。因为激烈的市场竞争,毕业之后一年,费伦齐卖掉了这家公司,紧接着立即利用卖公司的收入开了一家社交媒体分析平台——Spinback,该公司提供从分享网上的内容到购买意向再到销售的转化跟踪服务。当他还在筹集资金的时候,收购者就已经找上门来。一年之后,Spinback被卖给了Buddy Media,之后一年里,Buddy Media和Spinback合并后的公司又被整体卖给了Salesforce。现在费伦齐是一位天使投资人,在一个完全不同的技术领域工作:"我的想法是,使用纺织品纳米传感器为有生理障碍的人们提供低成本的临床诊断。"

产品、业务拓展及销售策略

费伦齐在业务拓展方面的特长是善于利用其对产品设计和销售的相关知识,并且他始终能够非常敏锐地将这两方面结合起来,从而获得财务方面的成功,以及建立合作关系:

> 我发现我的设计或产品经验在达成交易方面非常重要。如果你对产品充满热情,并且对产品的情况了如指掌,那么你在会谈中就会表现得非常出色。如果你对产品并没有很大兴趣,且不能回答有关产品的所有问题,那么就没有人愿意购买你的产品。你对产品的了解也有助于你推动交易的进展,因为你不仅能够对产品的技术整合进行详细的阐述,还能够就各种商业条款与对方进行协商。如果你在一项业务拓展交易中敷衍了事地应付别人,不分时机地胡乱回答

不同的人提出的不同问题，那么你很有可能就会忽略掉很多信息。

在 Spinback 工作的时候，费伦齐关注的是将交易发展成一种共生关系，从而不仅确保交易双方实现双赢，还能激发交易双方共同努力工作：

> 根据以往的经验，我们知道，做生意很容易变成消耗时间和精力的无底洞。许多生意可能准备得非常充分，并且过程中协作得非常好，但最终执行起来却非常困难。我们决定为交易设定三个标准，从而确保它们能够有足够的影响力，并且将实现的可能性最大化：
> 1. 对交易的双方来说，交易能够带来的价值增长应该是对等的；
> 2. 业务拓展合作关系应该能够帮助我们开拓因资源限制而未涉足的领域；
> 3. 合作关系应该给我们的客户提供价值。

在 Spinback 的发展初期，也有大量的高端客户使用它们的产品。费伦齐认为要利用数据驱动的方法在公司能够实现这些目标之前招揽用户，并为投资回报率打好基础：

> 在我们被卖给大品牌公司之前，我们工作的重中之重是拥有至少十位客户，并用数据清晰地概述我们公司的价值。作为一家创业公司，如果你没有一个大家耳熟能详的可辨识的品牌的话，那么你就会处于非常不利的位置。拥有来自早期客户的盛情推荐，并能够用数据为这些推荐做支撑，对我们来说非常重要。我们针对我们最早期的用户做了案例研究，并且努力赢得弗雷斯特研究公司年度电子商务报告对我们产品的积极评价。我们还意识到，仅仅销售一件精美且富有特色的产品并获得显著的投资回报仍然是不够的，我们还需要得到切实的社会认同的支持。

在小型、中型以及超大型的公司工作

Spinback 被卖给了 Buddy Media，这是一家"社会企业软件"提供商，它们的软件能够让公司利用一种内容资源管理系统来维护人际关系。在接下来的一年内，

Buddy Media 又被卖给 Salesforce。费伦齐的工作环境逐渐从一家生机勃勃的小公司转换到了实力雄厚的帝国企业，并且在此过程中找到了自己的价值。

创始人们选择卖掉 Spinback 而不是去融资，是因为他们觉得无论对于公司产品还是公司员工来说，收购都是最有益的：

> 从我们的情况来看，我们觉得收购是一件非常合适的事情，它不仅能够帮助我们成长，让我们保持自主性，还能为我们的团队成员、员工以及投资人提供一次良好的套现机会。收购时机也至关重要，因为当时许多社交网络都在准备进行首次公开募股，所以选择这一时机也抬高了我们公司的价值。

费伦齐认为一家小公司如果要想在业务拓展和其他领域都获得成功，那团队成员就必须有旺盛的斗志和很强的适应能力：

> 一个小团队必须自愿并且能够克服无数不可避免的障碍。这就像是反复受到重击，但总能重新站起来一样。小公司在这一发展阶段，需要公司的前十名员工都才华卓著，并且充分信任公司。

另一方面，中型和大型企业也都有差不多的成功版本。费伦齐说："在中型或大型团队中，我发现组织结构和管理是关键。对于你习惯自己做的事情来说，启动开发过程很重要，只有这样，其他人才能够有自己的构想。你希望可靠并能独当一面的管理人员能够认同这些宏伟蓝图，并制订一系列的关键实施计划，从而为每一个人打开一扇成功的大门。"

给创业者的最好建议

尽管费伦齐很年轻，但是他基本已经历过公司的创建以及各个生命周期阶段。他给业务拓展专员和创业者的最好建议是相信你自己：

> 每个人对你应该如何经营好自己的公司都有自己的建议。基本上所有这些建议你都不用在意，你是唯一一个真正了解什么行得通、什么行不通的人。所以，请相信自己的直觉。

运动、私人喷气式飞机及慈善事业

姓名：杰西·伊茨乐（Jesse Itzler）
公司：100英里男子基金会（100 Mile Man Foundation）
职位：联合创始人
曾经就职的公司：100英里男子基金会、ZICO、马奎斯公司、Vowch、Sheets、Alphabet City Sports Records

杰西·伊茨乐是多个领域的主要思想领袖，他非常自豪地说自己从未写过个人简历。他从来没有为除自己之外的任何人打过工。1991年，他与独立唱片公司Delicious Vinyl签订了一份唱片合约，由此开始了他的事业。很快，他就利用这一平台开创了一家专门为美国职业篮球联赛（NBA）球队写歌的个人品牌。你可能是通过他那首脍炙人口的圣歌《去纽约，出发》（Go NY Go）而认识他的，这是他为纽约尼克斯队写的队歌，他还为一项NBA活动写了一首《我爱这项比赛》（I Love This Game），这首歌让他获得了艾美奖。

但是在他登上BillBoard Hot 100单曲排行榜，以及其音乐视频成为全球音乐电视台上的最热视频后，他并没有止步不前。他不仅没有停下脚步，而且决定改行，和别人联合成立了马奎斯公司。这是一家按小时计费的飞机租赁服务公司，它无疑对私人飞机服务领域形成了很大的冲击。他精心策划了一系列出色的交易，例如，与利捷公务航空公司合作为马奎斯飞机公司供应飞机。

可能伊茨乐觉得自己还不够多才多艺，于是他开始参加100英里[1]不间断跑步，并开始从事慈善事业（成立了100英里男子基金会）。几乎与此同时，他了解到了椰子水的益处。他把椰子水当成他参与重要跑步（也包括他参加的训练课程）时的能量来源，并为这种椰子水联系到了ZICO公司。之后，他与可口可乐公司达成合作协议，并最终出售了该公司的大部分股份。

伊茨乐的交易专长是他能领先他人看清潮流趋势，并利用自己的渠道接近有影

---

[1] 1英里=1.609344千米。——译者注

响力的人以及利用明星效应来获得成功。他出色的业务拓展天分是充当重要交易的中间联系人,用他自己的话说,这样的联系人能够和"从暴徒到亿万富翁"等形形色色的人打交道。如果说杰西没有足够出色的简历,那么他的妻子却正好相反。杰西娶了创业传奇人物——SPANX 的创始人萨拉·布莱克里(Sara Blakely)为妻。

变"乐意拥有"为"必须拥有"

正如我们在第 4 章中讨论过的那样,在业务拓展领域最优秀的技能是能够变"乐意拥有"为"必须拥有"。伊茨乐和 NBA 合作的经历就完美地印证了这一点,证明了他是如何通过为纽约尼克斯队写一首定制主题曲,从而惹来其他球队的嫉妒的:

> 那段时间,我真的非常热爱写词和作曲,也十分热爱运动。所以我决定将这两种爱好结合起来,并且带着为其写一首新的主题歌的想法找到了纽约尼克斯队。我当时的想法是,人们观看一场篮球比赛的时间是两个半小时,但是真正比赛的时间只有 48 分钟,所以球队需要让它的球迷们感到愉快,并且享受它们的比赛。因此我为纽约尼克斯队写了一首对唱形式的队歌。我们在球场拍摄了由纽约尼克斯队所有知名球星演唱的这首歌曲的视频,并且取得了极大的成功。每一位来到麦迪逊广场花园的球队都会问两个问题,即"我们为什么没有一首这样的队歌"和"谁创作了这首歌"。

伊茨乐最聪明的是能够开拓小众市场并不断发展自身的专长:

> 因为当时我是唯一一位创作定制队歌的人,所以我是各个篮球队唯一的联系人。不夸张地说,我从一位在唱片店里与成千上万的艺术家们竞争的唱片艺人,变成了唯一一位创作体育音乐的音乐人。所以当 NBA 要举办"我爱比赛"活动的时候,它们备选的歌手名单上能联系的并没有几个人。

将音乐天分与业务拓展结合起来

伊茨乐认为成为一位伟大的作家对创业者来说是有帮助的,但并不是决定性的帮助。然而,他能够利用他写歌的天赋为他赢得业务并达成交易:

刚开始创业的时候，我曾经为每一位我想与之合作的人写了一首定制歌曲。我写的关于他们和他们的创业之旅的歌让他们感到非常吃惊。他们喜欢我为他们写的歌，同时我写的歌也帮助我脱颖而出。SFX娱乐公司的鲍勃·斯勒曼（Bob Sillerman）、Turner娱乐网总裁史蒂夫·库宁（Steve Koonin）、利捷公务航空公司创始人理查德·圣图利（Richard Santulli）都有我为其创作的歌曲。

私人飞机合作关系

马奎斯公司是最早的短时私人飞机租赁公司之一，伊茨乐在早些时候就认为这是一个市场空白：

20世纪90年代后期，我和我的合伙人肯尼·迪希特（Kenny Dichter）是某架私人飞机的常客。那时我们不能携带行李、不能脱掉鞋子，也没有所谓的航线。我们几乎立即就想到一个问题，即"我们如何能更频繁地乘坐私人飞机"。在经过一些调查后，我们了解到，在当时的情境下，人们只能通过以下三种途径来乘坐私人飞行：

1. 购买一架飞机（那是完全不可能的事）；

2. 在分段式项目中购买至少250个小时的飞行时间（这是一个登记在案的私人飞机俱乐部会员才能有的资格）；

3. 包租一架飞机（这就引发了各种各样的问题，如"谁来当机长？"以及"这到底是谁的飞机？"）。

还有，当时我们只有29岁，我们每年只乘坐三四次飞机，我们并不想拥有一个昂贵的俱乐部成员资格。所以我们就想，为什么没有一个项目能够提供拥有一架飞机所带来的全部好处，同时又没有任何麻烦事或者高额的成本？于是我们想出了马奎斯飞机合伙人的创意，决定提供25小时制飞机卡的服务。

但是伊茨乐说想创意是最容易的：

最困难的是说服利捷公务航空公司与两位只有29岁的年轻小伙子合作，允许我们在它们的飞机上销售 25 小时制飞机卡。对于私人飞机合伙人来说，这种标准的商业模式是要销售一定数量的小时数，并且要承诺至少使用私人飞机几年。马奎斯公司的商业模式就是允许那些不想购买一架飞机全部份额的人们按小时付费来使用飞机。最终，他们在 2008 年将马奎斯公司卖给了利捷公务航空公司，这是一次源于合作关系的收购。直到今天，利捷公务航空公司依然允许你购买马奎斯飞机卡，购买此卡的用户能够享有一架私人飞机一定时间的使用权。

ZICO 和可口可乐的合作

伊茨乐能够把他自己各种各样的兴趣结合起来，他的这种能力让其在开创椰子水的新事业时受益颇多。他把他热爱跑步的业余爱好运用到了慈善事业中，同时在他为慈善而奔跑时，又偶然发现了椰子水及其诸多益处：

> 我是最早的椰子水爱好者。我在为慈善活动 100 英里不间断跑步进行训练时，发现了椰子水的很多好处。我就是名副其实的实验对象——跑了 100 英里，全靠椰子水补充能量。我知道椰子水会是一个极大的成功，会成为饮料界的"下一个大事情"。

但是伊茨乐并没有将椰子水当成自己的一种爱好，相反，他会去探索开发椰子水的商业可能性。他利用自己的关系网和 ZICO 创始人马克·兰博拉（Mark Rampolla）进行合作，并在这家新公司和可口可乐公司之间达成了合作。2009 年，可口可乐公司的风险投资和新兴品牌部门投资了 ZICO，然后在 2012 年通过购买 ZICO 的大部分股份正式完成它的股权承诺。

先于他人发现潮流趋势的能力

从为球队定制歌曲到私人飞机再到椰子水，伊茨乐有自己的诀窍，他能先于他人发现潮流，并能成功地开创合作关系，从而保证这些潮流的长久性。他是如何做到这些的？

我只是对我真正喜欢的、并想要和其他人分享的事情给予密切的关注。我喜欢看商场里的货物陈列架，看看哪些货物是新的，哪些货物开始流行，哪些包装不同。我总是问很多问题，并且试用大量的新产品。如果你能在全食超市（Whole Foods）花上一小时，只盯着货物架子看，那就能收获一系列的新创意。

保持耐心

创业者都有想要立即看到结果的倾向。但是对于业务拓展交易来说，伊茨乐建议你必须要有长远的眼界：

我认为我学到的最好理念就是几乎每件事情都需要花费时间。从头开始做一些事情并不是件容易的事情。可口可乐公司的同仁们告诉我，建立一个有价值的、优秀的品牌需要花费八到十年的时间。所以要有一个长期的路线图、计划，并要保持耐心，以便在前进的过程中做好准备，在需要时快速做出决定。

伊茨乐是否还在说唱或唱歌

"只有在淋浴或者一个人开车的时候我才会唱。"他说道。

音乐业务拓展以及国际关系

姓名：齐尚·扎伊迪

公司：Host Committee

职位：联合创始人

曾经就职的公司：索尼公司、LimeWire、The Commuters 乐队、美国外交关系协会（Council on Foreign Relations）、Oneblue.org

齐尚·扎伊迪一直听从自己的内心，追随着对音乐的兴趣。他父母的祖籍是巴基斯坦，他出生在加拿大，却在菲律宾长大，这样的成长经历赋予了他非凡的国际视角，无论是在他的工作还是他的业余爱好方面。扎伊迪原来是美国外交关系协会的成员，同时也是 Oneblue.org 的董事会成员，并且活跃在音乐合作空间的人周围。

他是 Host Committee 的联合创始人兼总经理，这是一家夜生活产业领域的新兴互联网公司，为那些夜猫子提供去纽约夜生活场馆的内部渠道。从 2011 年 Host Committee 成立到 2013 年 9 月期间，他一直担任该组织的首席执行官。他现在是世界上最大的演唱会筹备公司 Live Nation 的分公司——特玛捷票务公司（Ticketmaster）的总裁的战略咨询师。

扎伊迪从索尼公司开始涉足音乐行业，并从事过很多不同的工作，开创了他作为萌芽艺术家的事业生涯，与一些艺术家和大型的科技媒体机构达成了合作关系。

进入音乐圈

"我一生都热爱音乐，是一名音乐家。我很早就开始弹钢琴、吉他以及其他乐器。"扎伊迪说。从大学毕业以后，他受音乐的吸引进入音乐行业，在索尼公司找到了一份工作。但是他创作音乐的个人兴趣并没有停止过。"2008 年末的一天，我对自己说：'有一天我会死。我不想在那天来临、我回顾我的生命时，我因为没有做内心深处一直想要做的事情——创作音乐而自责。'"

扎伊迪的一位朋友——尤里·杰马勒（Uri Djemal）是纽约的一位音乐制作人，他帮助扎伊迪组了一支乐队，最后他们将这支乐队命名为 The Commuters：

> 2011 年 8 月，我们创办了一家唱片公司，发行了我们自己的第一张迷你专辑，并于 2012 年 4 月发行了完整版专辑。这张专辑的销售出人意料地好，得到了非常热烈的评价。我们的第一首单曲在学校大受欢迎，第一张音乐录影带荣登 mtvU 的巡回榜。我们还受到了很多很酷的在线专题栏目的关注，包括《吉他世界》(*Guitar World*) 杂志、PureVolume（这是一个有名的音乐博客，它选了我们的一首歌曲作为每日金曲），等等。我们很快就积攒了一大批国际网络粉丝。我们还举办了许多场当地演出，最精彩的是专辑发布会，那是在下东区一家有名的摇滚俱乐部举行的，当时座无虚席，人声鼎沸。

扎伊迪说，这段经历是"名副其实的梦想成真"。

音乐数字化营销和业务拓展

扎伊迪进入音乐圈时，行业内的数字活动关注的是市场而非销售。他想要通过帮助建立一个他称之为"数字化街头团队"（digital street teams）的活动来改变这一倾向，这个活动是呼吁歌迷们自愿在博客、聊天室以及诸如此类的网络空间来帮助宣传艺术家。当时的互联网用户还没有像今天的用户这样容易厌倦，呼应他们的人会比现在更多，点击率也更高，所以这样的活动非常有效：

> 在一个互联网还没有这么碎片化的年代，只有少数几家重点网站会为你的艺术家或乐队做广告推广，由此你才能吸引大量的关注。"在我们开始为艾薇儿·拉维尼（Avril Lavigne）的第一张专辑做推广活动时（当时艾薇儿还默默无闻），我们和美国在线达成了广泛的合作，为她的新音乐录影带发特刊，做了一次室内演出，还特别撰写了一些独家新闻——而美国在线会通过它的网络对所有这些内容进行大规模的推广，从而帮助艾薇儿大大提高了她的知名度。到了她的第二张专辑发行时，活动变成了大型购物中心巡回演出，以及在纽约的韦伯斯特音乐厅（Webster Hall）举行的夜间演奏会，美国在线同样通过其网络对此进行了现场直播。

通过合作来改变数字音乐现状并非易事。扎伊迪是最先帮助歌手们通过网络活动来为他们的专辑做营销以及销售的人之一。

转换阵地：从索尼到 Limewire

2006 年，扎伊迪还在索尼公司工作的时候，Limewire 被包括索尼在内的所有知名唱片公司起诉。但是扎伊迪在加入 Limewire 以后，局势发生了扭转，他帮助 Limewire 反败为胜：

> 对我来说，加入 Limewire 是一次极具吸引力的机会。作为一位律师和致力于与非法音乐下载及其带来的影响做斗争的音乐人，我以前从来没有（现在也从来没有）在一个违反版权法的文件共享网站上下载过一首歌曲。同时，我还常常对技术对媒体消费的影响持非常务实的态度。事实上，数字化使得对内

容的复制、获得以及分享变得非常容易。年轻的音乐消费者都会选择下载数字音乐。我一直觉得继续向前走的最好途径是，技术公司和音乐所有者建立起吸引消费者的强制获得授权的音乐获取渠道，这也正是 Limewire 想要做的事情：Limewire 当时的目标是处理好诉讼案件，获得知名唱片公司的音乐授权，发行新的付费流媒体服务（这和声破天做的事情类似，尽管这发生在声破天在美国成立之前），然后将其他文件共享软件的 1.5 亿用户吸引到这个付费流媒体服务中来。

所以我决定和 Limewire 签约，而且出人意料的是，我在音乐行业工作的朋友们极力赞成我的决定。每个人对我做的决定都持乐观态度，因为他们知道我的目标是从一个不同的角度来助力音乐行业的发展。我们拥有一款杀伤力十足的产品，以及一个工程团队（Limewire 倒闭的时候，这些工程团队中的许多人都被声破天雇用，成立了声破天纽约办事处），而且我们实际上开发的是流媒体服务应用程序——那些知名唱片公司的人在看了这个应用程序以后说，这是他们见过的最令人钦佩的音乐应用程序。

通过业务拓展创造有价值的渠道

我的主要建议是积累资产（或者制订积累资产的计划），然后充分利用所积累的资产（或者你未来资产的承诺）。从根本上说，这就是业务拓展的内容。找出现在的业务能够创造什么（即使它还没有创造出来），之后思考一下（除了终端消费者之外），谁能够受益于创造的结果。找出他们能够为你提供什么，你又能够为他们提供什么。

首先，要选择合适的市场。很显然，在有很多小型参与者的分散市场中采取逐次递增策略（rollup）是最有效的方式。即使这些小型参与者没有明确的途径来壮大他们自己的公司，从而满足市场的全部需求，逐次递增策略也会有所帮助。例如，我们在 Nabbr（这是扎伊迪在离开索尼公司之后，进入 Limewire 之前工作过的一家公司）工作期间，积聚了数十家为市场提供服务的小型网站，组成了一个网络。

其次，你需要培养对自己试图创造的资产的理解。整体——合伙人网络如何比个体的总和更强？更重要的是，什么能够推动这些资产的积累，从而让你能够在为关系网成员传递价值方面获得成功。为什么规模化会对它们有帮助？这是问题的关键。你需要确定你现在正在寻求的这些目标合作者如何能够通过加入这个人际关系网变得比他们现在更好，以及如何让他们感觉到加入这个人际网是件理所当然的事情。这是获得更高等级服务的途径吗？是他们能够获得他们自己无法服务的客户群的途径吗？

作为问题的一部分，你必须明确你能给这个人际网带来的价值有多少，你自己又能保留多少？我的建议是先要确保这些价值能够报答合作者所花费的时间，然后再给自己保留一些，同时还要保留一些用以壮大关系网的资金。

最后，你需要组织一场标准的很容易理解的交易，这样你就能够很快地达成很多笔生意。如果你能保证独占权（即合伙人们不能加入另一个类似的、相互竞争的关系网），那么对你来说这是好事。但是在一次交易中，一项独占性条款并不能替代你所提供的价值。你提供的价值足够多，才能让你的合伙人们不会冒着损失这些价值的危险去投靠别的网络。

我认为你并不需要特殊的针对性技能来做好这件事，我见过的达成这件事情的人，什么样的背景都有。成功的关键在于你如何回答我列在上面的这些重要问题。

他对外交政策的兴趣

我一直对国际事务有着强烈的兴趣。我出生在加拿大，长大在菲律宾。我父母的祖籍是巴基斯坦，父亲曾在菲律宾从事国际发展方面的工作，而且我在菲律宾生活期间就读于国际学校。在读本科和研究生的时候，我对公共事务和当代国家安全问题非常感兴趣。研究生毕业以后，我虽然进入了媒体和技术行业，但对国家安全依然保有浓厚的热情，当然我的参与度非常有限。几年前，我申请了美国外交关系协会的领导力培训项目，并且很幸运地被录取了。

由于我在媒体行业、技术行业以及国际事务方面的工作经验，常常会有此类圈子的一些非营利机构找到我，寻求一些社会媒体或技术方面的帮助。我经常不得不拒绝他们，但 Oneblue.org（一家致力于解决国际冲突以及增进不同宗教信仰之间的信任的新媒体非营利机构）却是个例外，我很信任它们所从事的事业。我在一个国际化社区长大，我的同班同学来自世界的各个地方，所以我很早就知道，年轻的时候学习不同的文化，建立人际关系，能够克服因国际冲突而导致的任何障碍。虽然我父母的祖籍是巴基斯坦，但是我高中时期的许多最要好的朋友都是印度人和以色列人。身处一个社会化媒体驱动的社会，我们需要利用这一能力，去和别人沟通，并且教育那些来自不同社区、从小就身处冲突中的人们。

最令人自豪的交易

我最中意的交易是我在阿里斯塔唱片公司的时候与星巴克一起为莎拉·麦克拉克兰所做的事情。莎拉淡出公众视线一段时间之后，于2003年发行了她的专辑《晚霞余晖》(*Afterglow*)。我们一直在寻求合作商，想借助它们的营销实力来重振莎拉的音乐事业。我认为在品牌契合度、人数统计以及影响力方面，星巴克会是一家完美的合作商。当时，星巴克刚刚开始涉足音乐领域，它们的实体店也还没有和音乐合作商进行过太多合作。我的一位商学院同学刚好在星巴克工作，她帮我联系到星巴克音乐部门的一位名叫蒂姆·齐格勒的高管，我们就合作的可能性接洽了几个月。最后，我们拟订了一份全面的营销合作意向书，其中包括星巴克在自己的实体店销售莎拉的新唱片，并在其网站上销售莎拉的数字化音乐，莎拉将她最有影响力的歌曲汇编制作成一张主题为"艺术家的选择"的专辑，在星巴克实体店进行独家销售，星巴克的许多平面广告也都帮忙推广了此唱片。

我之所以中意这次交易的原因有很多。首先，它解决了我的公司正在面临的一大难题，即如何凭借我们有限的资源扩大我们的营销动力。其次，这次交易对于合作双方都是一次巨大的双赢。我们从我们的目标用户主要的零售聚集地获得了大量的营销支持，而星巴克则获得了独家音乐，建立了与超级艺术家之间的联系，这一联系不仅创造了光环效应，而且还将大量的客流引入了星巴克的店里。再次，我们和星巴克创造了一个如此令人叹服的合作关系，星巴克将其转变为一个正式的项目，然后又与很多其他的知名音乐家进行类似的合作。最后，这次交易规模非常大。我喜欢参与对流行文化有巨大影响力的交易和活动。

从银行业到业务拓展的转变

姓名：妮可·库克（Nicole Cook）

公司：Dwolla

职位：战略合作关系总监

曾经就职的公司：蒙特利尔银行（BMO）、沃顿商学院

妮可·库克现任 Dwolla 公司的战略合作关系总监，她在 Dwolla 工作不到一年，就迅速崭露头角，从一位 MBA 夏季实习生一跃升职为掌管公司业务拓展团队的总监。妮可在蒙特利尔银行开始了她职业生涯中的第一份工作，她在那里工作了六年，学习了与金融服务交易相关的知识。然后她离职，并利用她对公司财政结构的理解说服 Dwolla 的业务拓展团队雇用她当夏季实习生。

离开银行业

许多年轻的业务专员都会受投资银行领域所提供的工作机会所吸引。妮可在蒙特利尔银行资本市场部工作了六年，并在升职为副总裁之后不久辞职：

> 在蒙特利尔银行的时候，我接触了许多家公司，并直接和这些公司的高层管理人员联系，为他们提供融资方案。我还了解到获得融资对他们的成功来说至关重要。而且，作为成功晋级到华尔街工作的少数艾奥瓦大学的毕业生之一，以及蒙特利尔银行头两位正式新成员中的一位，我对帮助我的母校与蒙特利尔银行达成更加紧密的联系充满自豪感。作为从蒙特利尔银行在艾奥瓦大学的校园招聘中脱颖而出的优胜者，我帮助蒙特利尔银行成功雇用了 20 位银行从业者，并通过对新员工的培训和持续的指导，继续支持蒙特利尔银行的发展。我的学员仰仗我，我的顶头上司认为我正"向高管层迈进"，而这一切都是我后来所放弃的东西。
>
> 但我也从中收获了很多东西。当我的兄弟姐妹结婚时，正在拼命工作的我

错过了好几场婚礼。这让我很难过。更难过的是，好几场重要的活动，我都只参加了一半，而这次的婚礼只是其中之一。所以当我听到被提拔为副总裁的时候，我环顾四周，却不嫉妒那些职位高于我的人的生活。我并不介意辛苦地工作，而且期待着我这一生都能够勤恳地工作，但是我还是想挖掘自己更多的潜力，包括去做一些真正重要的事情，同时也想再次证实一下那些我认为对我来说很重要的价值观念。

我很确信我离开投资银行，去读MBA，在一家创业公司的业务拓展领域担任领导的角色，这些决定都是非常正确的。

攻读MBA

正如我们在第1章中讨论过的，创业公司的职业生涯轨迹并不一定包括去就读商学院或者获得一个更高的学位。在银行领域工作几年后，库克决定去攻读MBA学位，这样做的原因有三个。

1. 为了向担任一家规模较小的公司的业务角色或执行角色转变，我相信重回学校攻读MBA，能教会我在一个不同的环境中如何进行思考，而不是考虑思考对象是什么，这在我进入一家小型公司从事新职位的时候会变得尤为关键。
2. 为了拓展我的关系网，无论是专业性的还是个人交际。迄今为止，我整个的职业生涯都是在同一家公司度过的（虽然从事的是不同的职位）。我在商学院就读的第一年，就遇到了800多位非常出色的专业人才，还有很多非常优秀的同学。在毕业后没多久，我就因业务关系，会定期与他们当中的许多人保持联系（也会在下班之后去喝几杯）。
3. 为了利用学习的这段时间建立起我的档案，同时获得一个更高的学位（这并没有什么坏处）。考虑到在我离开银行业之前我的工作时间，我并没有投入过多的时间去想清楚我加入哪种类型的小公司。我知道我还没有准备好去开办一家自己的公司。

从银行业转战业务拓展行业所应具备的一些技能

单纯的投资银行业务和业务拓展在技能方面并不一定有很大的相关性，但还是有些人能够进行非常完美的转换。库克就能够利用她从事杠杆融资的时间来学习如何构建交易和公司的周期流动。她运用这些方面的知识，为她在Dwolla开创的合作关系打下了基础：

> 以前在银行工作的时候，我为公司客户进行融资，从而与其管理层建立了互动，同时成了公司内部多个部门之间的协调人员。在 Dwolla 的业务拓展部工作时，我负责建立合作关系，这和以前我在银行的工作经历很相似。
>
> 在杠杆融资领域，我起草了同意使用公司资本进行融资的承保备忘录，并且为了让其他投资人能够参与到我们的融资中来，我还为他们提供了备忘录；在业务拓展领域，我一直在说服公司内部的利益相关者，包括产品团队和发展团队。在这两个领域，都由我来负责组织拟定并协商每一份需要的合同。

与公共部门的合作关系

库克曾经作为私营企业 Dwolla 的员工，与艾奥瓦州州政府合作过一次。虽然许多合作关系方面的专业人士都对和公共部门合作有着各自的看法，但库克揭示了与公共部门合作的神秘面纱：

> 当我开始寻求和各级政府部门进行合作的时候，我没有任何与政府部门合作的经验。而且我确实对与政府部门合作完成任何事将会有多么艰难存在一些误解。对于一家创业公司来说，要在能够盈利的短期合伙人和那些耐心培养长期合作关系的合伙人之间寻求平衡，通常是非常困难的，而且长期合作关系可能需要几个月（有时甚至是几年）的时间才能达成。但事实证明我错了，而且是不止一次的证明。
>
> 2012 年 1 月，Dwolla 和艾奥瓦州州长共同宣布了一项 Dwolla 与艾奥瓦州的合作协议。这就意味着艾奥瓦州的任何一家机构都可以开始通过 Dwolla 来进行付款。最初的使用案例是与艾奥瓦州税务局共同建立的，这也是一次能将成千上万美元的积蓄投入到经济发展中的机会。据估算，每年一次的纳税，艾奥瓦州的公司就要寄出金额约 1.3 亿美元的支票，而且以前没有任何电子支付的选项。通过用 Dwolla 支付系统代替支票支付，艾奥瓦州州政府能够节约数千美元的会计费用和管理成本，而且纳税人也能够更加迅速地收到他们的纳税凭证，

从而更快实现公司的周转。

自从我开始与艾奥瓦州州政府代表接触以来,我们就在确定为何使用 Dwolla 对政府来说是睿智之举、与 Dwolla 合作存在哪些机会、协商新合同以及与艾奥瓦州政府一起工作等事宜,这花费了大约四个月的时间。我发现艾奥瓦州州政府内对该项合作的拥护者们想要利用 Dwolla 的技术来将存款、时间以及资源注入到经济发展中。而且从多个标准看,他们的动作都是相当迅速的。

业务拓展和销售

姓名:埃里克·弗里德曼

公司:Foursquare

职位:营销总监

曾经就职的公司:Union Square Ventures、Reprise Media、竞立媒体公司(MediaCom)

埃里克·弗里德曼现任 Foursquare 公司的营销总监,他的事业起步于广告界的巨头竞立媒体公司。进入竞立媒体公司之后,他很快就对数字广告产生了兴趣,随后在竞立媒体公司内部新成立的小公司的工作,让他更加深入地了解了数字广告领域。但他对大公司的官僚体制感到非常失望,于是开始在网上匿名发布他对于打破这种官僚体制的想法。

他注意到了一篇发表 Union Square Ventures 空缺职位的博客,Union Square Ventures 是纽约行业表现最好的风险投资基金会之一,他意识到申请该公司职位的唯一途径就是和数字化表现联系起来。弗里德曼的博客在 Union Square Ventures 的合作伙伴中很受欢迎,最终他获得了这份工作,在接下来的两年中,他跟这些合作伙伴一起工作,并且向整个团队学习。他说:"我可以非常诚实地说,那是我一生中最棒的学习体验之一。"

后来他从 Union Square Ventures 跳槽到该公司的一家投资组合公司,即 Foursquare。Foursquare 是一家刚刚开始起步的公司。起初,他担任 Foursquare 的业

务拓展经理,现在则负责公司的商业变现和收益业务:

> 如果说我在 Foursquare 工作的前两年是在建立业务关系网的话,那么接下来的两年时间就是在构建创立一家真正的公司所需要的硬件。设置这些体系、业务流程以及为公司创造巨大收益的人力,是目前为止我做过的最具挑战性且回报也最大的事情之一。

风险投资所教给我的

弗里德曼曾在 Union Square Ventures 工作过两年。他运用在数字化方面突出的表现(他当时用的是博客)成功申请了 Union Square Ventures 的职位,而且他从未回避与别人分享他对数字广告多变性的看法。在 Union Square Ventures 工作期间,他不断吸收新知识,学习了很多关于创业公司、投资以及领导力等方面的经验:

> 我学到的最重要的事情之一是模式识别。这听起来像是件很简单的事,但却让我理解了我们为什么要进行组合投资并在组合中进行后续融资。观察一些社区在一段变革、升级或者运营中断时期,是如何拥护或者抛弃一个站点或一项服务的,你就能够明白许多事情。我还学会了如何识别优秀的领导者们所具备的模式。跟着一位合伙人做生意,以及去参加许多不同的董事会的好处之一就是,我能够通过实际的参与了解到一位出色的首席执行官和领导者所应具备的素养。大众对一个领导团队的认知往往是和现实不同的,而模式匹配能够帮助我鉴定谁才是真正的赢家。

你没有要求,你就不会得到

弗里德曼遵守着这样的信条——"你没有要求,你就不会得到",尤其是在建立合作关系时。的确,他之所以能够为 Foursquare 争取到一次进行太空"签到"的机会,就是因为他有魄力寻求一位美国国家航空航天局工作人员的帮助:

> 与美国国家航空航天局打交道确实给我上了非常重要的一课:你没有要求,你就不会得到。我们的目标就是月球(抱歉,我无法抗拒)。

起初通过一家代理商和美国国家航空航天局进行洽谈时，我就知道我们想要做一件大买卖，那就是让一个人在太空登录 Twitter。把这个要求通过电话向宇航员说明以后，电话另一端寂静无声，这是非常具有纪念意义的时刻。我们就哪些事情是可行的讨论了几个星期，我了解到事情的重点是要了解美国国家航空航天局的目标和任务，以及关键的利益相关者们要为他们的团队实现的目标。这对任何一次交易来说都是至关重要的，因为如果每个人都想要"双赢"，那么要做的就是要确保每个人都为了他们各自的公司做到最好。

我还意识到，要想做成像这样不可思议的事情，需要各大机构以及各位宇航员的大量支持。我的杀手锏是提醒美国航空航天局团队，宇航员迈克·马西米诺（Mike Massimino）从太空发回了第一条推文，如果我们合作，那你们就会拥有首次登上太空进行"签到"的机会。

最终，道格拉斯·惠洛克（Douglas Wheelock）对完成这次荣耀之举很感兴趣。

这次任务的组织和准备工作是非常庞大的。我需要丹尼斯·克罗利、哈里（Foursquare 的首席技术官），以及工程和产品部门的支持，因为我们必须安排大量的定制活动。这是一次跨职能的团队合作，而且我们也从中收获了很多快乐。让一家创业公司内部的多个部门都协作起来，是一次宝贵的体验。你总是可以为另一项特征或产品而努力，并且采取恰当的行动进行影响分析。这次努力绝对物有所值，它让更多的人从感性上和理性上都认识了 Foursquare——不论是向他们介绍这一服务，还是让他们知道我们一直在进行产品创新，甚至这一产品以前都不曾存在过。

弗里德曼给出的最好建议

我认为我给予团队的最好建议是：让你身边的人发光。这样，你将会变成团队中不可缺少的一分子，你会告诉大家你一直在为你们团队的目标而努力。如果你能做到这些，那就意味着你成功了。

从实习生到副总裁

姓名：艾琳·佩蒂格鲁

公司：Gawker

职位：业务拓展副总裁

艾琳·佩蒂格鲁在肯塔基州边跳舞、边编码度过了她的童年。她很小的时候就开始学习如何运用程序操作她的计算机来创造各种游戏或者快捷键。此时的她就对编码产生了浓厚的兴趣。艾琳一直都非常努力追求个人成长，一年级开始的时候，她还是一个有点笨拙没有什么特长的学生，但高中毕业时，她已经是优秀毕业生代表，并考入了耶鲁大学。

在专业方面，她一直都能够将她的两项爱好结合起来：跳舞和科技。在艺术方面，她从两岁就开始参加芭蕾舞、爵士舞和踢踏舞的训练。在整个青少年时期，她先后参加了很多比赛，如美国青春小姐（America's Junior Miss）和美国舞蹈小姐（Miss Dance of America）比赛。佩蒂格鲁甚至一直晋级到福克斯电视台表演大赛节目《舞林争霸》（So You Think You Can Dance）的半决赛！

大学毕业之后，她又一次挑战自己，开始在一家刚成立的公司工作，这就是Gawker。她是Gawker的第一批实习生之一。在过去的九年时间里，她一直在为自己的晋升而努力，如今她已是Gawker的业务拓展副总裁。

她的"成长"经历

佩蒂格鲁从未满足于现状：

> 在学术方面，学业给予了我很多挑战。但最后，我通过自己的努力，从一个对大学一无所知的人变成了一个决心要上耶鲁大学的人，而我大多数的同学还赖在家里。我很幸运地通过了耶鲁大学的入学申请，在那儿度过了宝贵的四年时光，了解了我以前在肯塔基州求学时所向往的一切。

但是除了学术之外，她还通过其他的关键途径来实现自我，即艺术和科技，这些成为了她展现自我的途径：

> 在艺术方面，我两岁的时候就开始接受芭蕾舞、爵士舞、踢踏舞，以及其他形式的舞蹈培训，并且努力参加全国性的比赛，如美国青春小姐和美国舞蹈小姐比赛。这对我来说是伟大的成就，因为我参加的舞蹈训练并不是很专业。我成功晋级了福克斯电视台的舞蹈节目《舞林争霸》，并以此为我的舞蹈事业画上了圆满的句号。大部分人可能会说舞蹈是自我表达的方式，但对我来说，它不只是这些。我通过舞蹈来检验我的能力增长（踮起脚尖旋转更多圈，跳跃得更高，诸如此类）与进行结构化成长（跳舞要花费时间、要做研究、要勇敢提升相应的技能，这样才能取得进步）之间的相互促进。舞蹈最好的一点在于它的进步是渐进式的。你的舞技会越来越好，但你终究还是人类，所以你永远不能够做到完美，让你总是有不断学习的空间。
>
> 在科技方面，我五年级的时候就热衷于摆弄爸爸的笔记本电脑，尽管我当时假装在完成我的英文作业。我完全迷上了电脑，高中的时候，我已经自学了如何给我的图形计算器编程，如何编写超文本标记语言（HTML）、初学者通用符号指令代码（Basic）、Java 和 C++，并且编写了无数的互联网留言板和内容网站。（上大学的时候）我是学校里的电脑技术员，最后我还运用我所有的技术知识获得了我第一份"真正的工作"——在一家技术公司工作。我已经从一位秘密的电脑爱好者成长为一位受过良好教育的技术专家。

从实习生到副总裁的转变

佩蒂格鲁在事业方面的发展是相当快速的。当 Gawker 还是一家小公司的时候，她就开始为其工作，是众多大学实习毕业生中的一员。她工作任劳任怨，现在已经升任公司业务拓展副总裁：

> 在我大部分的职场生涯中，我把我成长过程中的激情投注到了 Gawker 公司的成长中。Gawker 成立于 2002 年。2005 年，我就以实习生的身份加入进来。从那时起，我就开始了从实习生到副总裁的晋级之路。我们的用户群也增长到

每月 1 亿多人。10 年前，我们开始打出了我们的第一条横幅广告，现在我们已经和世界范围内广告业和商业方面大部分最顶尖的品牌进行了数千次成功的推广活动。许多行业内的人们都认为我们开创了消息推送风格、内容管理体系，以及能够启发当今大多数出版商的广告项目。

正如她的个人追求一样，佩蒂格鲁在其职业生涯中，一直在激励自己不断努力，走向 Gawker 之外的更广阔世界：

我花时间参加各种会议和协会，同时也给我的同事们做演讲，和他们分享我的观念。业务拓展需要精通市场知识以及对新观念的永无止境的追求。阅读、开会讨论、建立关系网能够确保我总能想出一些新的想法。

业务拓展和广告推广

对佩蒂格鲁来说，业务拓展就是成长的同义词。业务拓展通常表现为合作关系的创建或新市场的开发，但实际上业务拓展指的是"任何能够提升公司能力的事情，不论是全方位的提升还是某一方面的提升"。她说："我尤其关注提升自身的能力，从而推动公司的主要收益。"她总是热衷于采用以下两个途径，来实现公司能力的提升：

第一个途径是丰富核心广告的推广手段：作为业务部门的第一批员工，我很快就开始着手招聘其他员工，从零开始建立每一个业务部门，其中包括建立业务拓展团队、销售运营部门、广告技术部门、营销部门，以及进行创造性生产。我喜欢进入某一领域后就找出从头开始创建团队、进程监控以及工作流程的方法。去研究、吸取行业内同行的意见能够让你收获很多。你在大学学不到那些经受住考验的创业经历。所以我会亲自去尝试并全力以赴。我给业务团队讲述的许多流程以及布置的任务，在多年之后仍然对它们有指导意义。

第二个途径是业务拓展的延伸。在过去的几年中，由于我已经更多地关注业务拓展事业，我建立了一个业务拓展团队，负责增加我们核心广告推销活动之外的主要收益，同时还要巧妙、高效地保护我们的新闻产品的完整性。这一任务并不容易。数字媒体领域充斥着各种拙劣的观念以获得"劣质的收益"（这是我们的说法）。我强烈地感觉到我们的生意应该产生"优质的收益"。所谓优质的收益不是源于中断合作关系，也不是捆绑变现产品，而是通过仔细识别能够产生自然增长力的业务领域来获得的。至于这些领域究竟是内部的业务开发还是外部的安排，我现在还不是很清楚，但是我更愿意确信我们增加业务的途径，对我们的读者以及我们作为一家新闻机构所承担的编辑任务来说，是最可行的途径。

开始从事业务拓展工作的建议

我刚开始从事业务拓展工作的时候，会先花一些时间去研究如何找到此行业的规律。行业内的智者说，一位优秀的业务拓展员的责任首先是认识该行业的产品，其次才是熟悉业务。当然认识产品和熟悉业务两者都是不可或缺的，但是你绝对不可能通过一个你不理解的产品成功地达成业务交易（成功的定义是产生收益，而非获得一些虚名）。而理解产品包括了解产品的发展和市场对该产品的反馈。凭借科技方面的知识储备，以及对市场如何接纳科技产品的了解，我总是能够做到先认识产品，再熟悉业务。这使我的业务嗅觉变得非常敏锐。

Alexander Taub, Ellen DaSilva

Pitching and Closing: Everything You Need to Know About Business Development, Partnerships, and Making Deals that Matter

ISBN: 978-0-07-182237-4

Copyright © 2014 by McGraw-Hill Education.

All Rights reserved. No part of this publication may be reproduced or transmitted in any form or by any means, electronic or mechanical, including without limitation photocopying, recording, taping, or any database, information or retrieval system, without the prior written permission of the publisher.

This authorized Chinese translation edition is jointly published by McGraw-Hill Education and China Renmin University Press.This edition is authorized for sale in the People's Republic of China only, excluding Hong Kong, Macao SAR and Taiwan.

Translation copyright © 2019 by McGraw-Hill Education and China Renmin University Press.

版权所有。未经出版人事先书面许可，对本出版物的任何部分不得以任何方式或途径复制传播，包括但不限于复印、录制、录音、或通过任何数据库、信息或可检索的系统。

本授权中文简体字翻译版由麦格劳－希尔（亚洲）教育出版公司和中国人民大学出版社合作出版。此版本经授权仅限在中华人民共和国境内（不包括香港特别行政区、澳门特别行政区和台湾地区）销售。

版权 ©2019 由麦格劳－希尔（亚洲）教育出版公司与中国人民大学出版社所有。

本书封面贴有 McGraw-Hill Education 公司防伪标签，无标签者不得销售。

北京市版权局著作权合同登记号：01-2015-1646